박물관의
문화복지서비스

우리나라가 세계에서 7번째로 20−50클럽에 가입하면서 보건·의료, 주거환경, 교통, 문화·예술 등 삶 전반에 걸쳐 균형 있는 성장과 발전이 이루어져야 한다는 주장이 일고 있습니다.

사실 사회전반의 발전과 변화속에서도 문화복지혜택을 누리고 있는 이들은 그리 많지 않습니다. 이러한 시점에서 문화예술의 구심점이라 할 수 있는 박물관이라는 공간에서 문화복지서비스를 논한다는 것은 향후 우리나라 박물관의 역할을 한 단계 도약시킬 수 있는 좋은 밑거름이 될 것입니다.

이 책에서는 문화복지서비스에 대한 중요성을 재고하고 현재 박물관에서 이루어지고 있는 문화복지서비스의 실태와, 이를 더욱 발전시킬 수 있는 방안에 대하여 제안하고자 합니다.

1909년 11월 1일 제실박물관의 개관으로 시작된 우리나라 박물관 역사는 어느덧 100여 년이 되었습니다. 비록 서양보다 짧긴 하지만 전국적으로 1,000여 개의 박물관이 설립되어 다양한 전시와 교육프로그램을 진행하고 있으며 우리나라 문화예술의 발전을 주도하고 있습니다. 이제는 박물관의 양적인 성장과 더불어 질적인 발전을 위해서 다양한 논의가 이루어져야 할 것입니다.

이 책의 전체 구성은 총 4부분으로서, 제 1부는 장애인, 제 2부는 문화복지서비스, 제 3부는 문화향수 취약계층, 제 4부는 기타로 나누어 서술하였습니다. 국내에서 활동하고 있는 많은 문화예술인들이 참여하여 엮은 것이므로 비록 부족한 부분들이 있긴 하지만 '우리'라는 큰 틀에서 많은 관심과 격려를 부탁드립니다.

늘 그래왔지만 아직도 어려운 문화예술현장인 박물관에서 고군분투 애쓰고 있는 선후배 동료들에게 경의를 표합니다.

2014년 1월

저자 일동

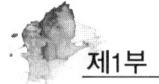

제1부

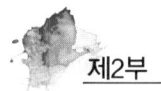

제2부

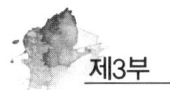

제3부

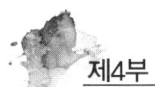

제4부

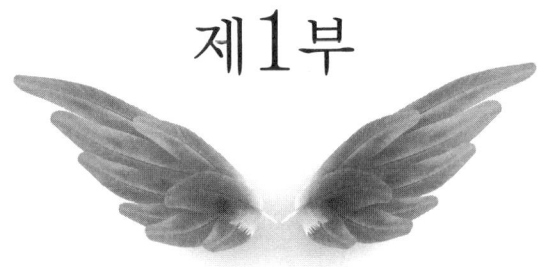

제1부

청각장애인을 위한 박물관 활성화 방안

윤병화[1]

●

●

●

1. 머리말

1981년 6월 「장애인복지법」이 제정되었다. 「장애인복지법」은 장애인이 가지고 있는 능력을 최대한 활용하여 사회, 경제 활동에 적극적으로 참여함으로써 스스로 자립할 수 있는 여건을 마련하는 한편, 장애의 발생을 미리 예방하고 장애를 조기에 발견할 수 있도록 유도하는 법률이다. 이는 장애인과 비장애인의 경계를 허물고, 진정한 사회통합을 이루려는 의미를 내포하고 있다.

그러나 우리 사회에서는 아직 정치, 경제, 사회, 문화적인 측면에서 장애인에 대한 배려가 상당히 미흡한 편이다. 이는 비장애인이 장애인을 바라보는 잘못된 시각 때문이다.[2]

---

[1] 한국박물관연구소 소장, 세경대 박물관큐레이터과 학과장
[2] 장애인에 대한 잘못된 인식으로 그들을 올바르지 않게 부르고 있다.

구분	잘못된 호칭	올바른 호칭
장애	병신, 불구기, 장애지, 장애우	징애인
일반	정상인, 일반인	비장애인
시각장애	장님, 소경, 봉사, 애꾸눈, 외눈박이	시각장애인
	사팔눈, 사팔뜨기	사시, 사시장애인
지적장애	바보, 얼간이, 등신, 백치, 정신박약, 또라이	지적장애인
지체장애	앉은뱅이, 절름발이, 절뚝발이, 찐따	지체장애인
	곱사등, 꼽추, 곱사	척추장애인
	외팔이, 외팔뚝이	지체장애인(절단장애)
	난쟁이, 땅딸보	왜소증

이를 해결하기 위하여 박근혜 정부는 맞춤형 복지정책을 정책의 기조로 삼고, 앞으로 장애인에게 지속적으로 다양한 혜택을 누릴 수 있는 기회를 제공하고자 노력하고 있다.[3]

이에 본고에서는 장애인 중 비장애인과 겉보기에 별반 차이가 없어 더 많은 부당한 경험을 하고 있는 청각장애인의 실태를 살펴보고, 청각장애인이 비장애인과의 소통을 할 수 있는 방안을 찾아보고자 한다. 이를 위하여 박물관이라는 복합문화예술센터로 청각장애인들이 올 수 있도록 유도하고 이곳에서 비장애인과의 조화로운 생활을 영위할 수 있는 방안을 모색해보고자 한다.

청각장애	귀머거리	청각장애인
	벙어리	언어장애인
	언청이, 째보	구개파열장애(언어장애인)
기타 장애	곰보, 곰보딱지, 곰네	호칭 없음
	혹부리	기형장애
	배냇병신	선천성 장애인

3 박근혜 정부는 대통령직인수위원회를 통해 2013년 2월 21일 140대 국정과제를 발표하였다. 여기에서는 국정목표로 장애인의 권익보호 및 편의 증진 도모를 위한 추진계획이 마련되어 있다. 그 주요 추진계획은 다음과 같다.
  1) 장애인권리보장법 제정 검토 및 개인 욕구, 사회·환경적 요인을 반영한 장애판정체계로 단계적 개선을 추진한다.
  2) 중증장애인 활동지원 대상 및 급여 확대, 응급안전시스템, 단기 및 주·야간보호 서비스, 그룹홈 등 다양한 서비스 제공체계를 구축한다.
  3) 발달장애인 실태 등 이를 고려한 단계적 입법 추진을 진행한다.
  4) 장애인연금 급여 인상·대상 확대를 위해 기초연금 개편 방향에 맞춰 이를 시행한다.
  5) 권역재활병원·재활중심 거점 보건소 중심의 공공 재활의료서비스 공급체계 구축 및 재활·건강증진 프로그램을 보급한다.
  6) 이동권 증진을 위한 저상버스 및 특별교통수단을 확충한다.
  7) 주거권 보장을 위한 주택 개조시 기금 융자 및 장기공공임대주택 중 주거 약자용 주택건설 비율 확대와 장애물 없는 주택설계 확대 등 검토한다.
  8) 정보격차 해소를 위한 웹 접근성 품질인증제, 장애유형별 맞춤형 정보통신 보조기기 개발·보급, 사랑의 그린PC 무료 보급, IT 교육 등을 추진한다.
  9) 고용의무 이행을 위한 장애인 고용우수기업 인증마크제 도입 및 인센티브 부여, 서조기업 명단 공표, 장애인 표준사업장 등 확대, 맞춤형 취업지원을 강화한다.
  10) 청각장애인을 위한 '한국수화언어기본법 및 농문화지원법' 제정 검토 및 법제화, 특수교육지원센터 지정, 특수교육교원 수화 연수, 교수·학습자료를 개발한다.
  11) 장애학생 교육지원을 위한 특수학교신·증설, 특수교사 정원확보율 제고, 전공과 학급 확대, 장애대학생 학습도우미 확대 및 지원 사업 대학의무운영을 추진한다.

2. 청각장애인과 박물관

(1) 청각장애인의 정의

청각장애는 소리를 듣는 귀인 외이(外耳)로부터 소리를 이해하는 대뇌까지의 청각 경로에 이상이 생겨 소리를 잘 듣지 못하는 상태이다.[4] 우리나라에서는 「장애인복지법 시행규칙」에 따라 청각장애를 청력을 잃은 사람과 평형기능에 장애를 가진 사람으로 분류하고 있다.[5]

| 청각장애 분류 |

구분	청력을 잃은 사람	평형기능에 장애를 가진 사람
제2급	두 귀의 청력을 각각 90데시벨(dB)[6] 이상 잃은 사람(두 귀가 완전히 들리지 아니하는 사람)	
제3급	두 귀의 청력을 각각 80데시벨(dB) 이상 잃은 사람(귀에 입을 대고 큰소리로 말을 하여도 듣지 못하는 사람)	양측 평형기능의 소실로 두 눈을 뜨고 직선으로 10미터 이상을 지속적으로 걸을 수 없는 사람
제4급	• 두 귀의 청력을 각각 70데시벨(dB) 이상 잃은 사람(귀에 대고 말을 하여야 들을 수 있는 사람) • 두 귀에 들리는 보통 말소리의 최대의 명료도가 50퍼센트 이하인 사람	양측 평형기능의 소실 또는 감소로 두 눈을 뜨고 10미터를 걸으려면 중간에 균형을 잡기 위하여 멈추어야 하는 사람
제5급	두 귀의 청력을 각각 60데시벨(dB) 이상 잃은 사람(40센티미터 이상의 거리에서 발성된 말소리를 듣지 못하는 사람)	양측 평형기능의 감소로 두 눈을 뜨고 10미터 거리를 직선으로 걸을 때 중앙에서 60센티미터 이상 벗어나며, 복합적인 신체운동은 어려운 사람
제6급	한 귀의 청력을 80데시벨(dB) 이상 잃고, 다른 귀의 청력을 40데시벨(dB) 이상 잃은 사람	

---

4 네이버 지식백과 : 사회복지학사전, 이철수 외 공저, 2009.8.15, Blue Fish
  http : //terms.naver.com/entry.nhn?cid=865&docId=473119&mobile&categoryId=1740
5 장애인복지법 시행규칙 [별표 1] 장애인의 장애등급표(제2조 관련) [시행 2013.1.27] [보건복지부령 제177호, 2013.1.25, 일부개정]

이와 같이 청각장애의 가장 큰 특징은 청력손실로 인하여 음성을 들을 수 없는 것이다. 청각장애인들은 특별한 조치가 없으면 음성언어의 자연스러운 발달이 이루어지지 않아 사회에 적응하는 데 큰 어려움이 따르고 있다.

결국 청각장애인을 위하여 구화교육(口話敎育)[7]과 체계적인 수화교육, 그리고 개인을 위한 개별화 교육이 철저히 이루어져 생의 주기에 따라 원활한 복지서비스의 혜택을 받을 수 있도록 알맞은 지원책이 필요하다. 이러한 국가 차원에서의 지원을 통해 청각장애인이 우리 사회의 소중한 일원이 될 수 있는 길을 열어줘야 한다. 이는 장애인을 위한 배려가 아니라 누구나 장애를 가질 수 있다는 생각을 갖고 범국가적인 차원에서 진행되어야 할 과제이기도 하다.

(2) 청각장애인의 특성

청각장애인들은 사회성과 인성의 발달에서 취약점을 보이고 있는데, 이는 의사소통이 원활하게 진행되지 못하고 있기 때문이다. 결국 청각장애인들은 사회적 양상에 문제가 생기면 인성적, 정서적 특성으로 자기중심적인 감정이입과 융통성의 결핍, 충동성 등의 문제가 두드러지게 나타나고 있다. 또한 청각장애인들은 한국어를 이해하는 수준이 높지 않아 필답형 대화에 어려움을 갖고 있다. 특히, 40대 이상의 청각장애인들은 수어(수화)교육이 국어학습을 방해한다는 편협한 교육방법론 시대를 살았기 때문에 구어를 이해하는 데 열등한 상태에 있는 경우가 많으며, 각종 매체를 활용하는 것이 쉽지 않아 가부장적이고 고지식한 면들을 갖고 있다. 그러나 특수교육 발달의 영향으로 20~30대 젊은 청각장애인들은 40대 이상의 세대에 비해 구어가 상당히 우월하다.[8]

---

6 음의 강도를 나타내는 단위인 Bell의 단위가 커서 미세한 음의 감도차를 나타내는 데 불편하여 1/10이라는 뜻인 deci의 첫글자와 Bell의 첫글자를 따서 데시벨(dB)로 명명하고 있다.

7 청각장애인의 의사소통 방법 중 하나인 구화는 상대의 말을 입술의 움직임과 얼굴 표정으로 이해하는 독화(讀話)와 잔존 청력을 적극적으로 활용하여 음성언어로 발어하는 방법인 발화(發話)를 칭한다. 이러한 구화교육은 조기교육이 무엇보다 중요하다.

8 성경희, 「청각장애인의 주요 호소문제와 상담문제에 대한 태도」, 계명대학교 석사학위논문, 2007, 12~14쪽.

그렇다면 청각장애인에 대한 비장애인의 인식 척도는 어떨까? 그 세부적인 반응을 보면 다음과 같다.[9] 첫 번째, 무조건 거부한다. 장애인에 대한 선지식 없이 무조건적으로 장애인과의 사회통합을 반대하고, 이들과 서로 분리되기를 희망한다. 두 번째, 왜곡된 동일 시각이다. 장애와 죄를 동일하게 보고, 장애와 자신의 약점을 동일하게 본다. 세 번째, 추론된 정서적 장애이다. 장애인이 심리적으로 왜곡된 특성을 지니고 있다고 미리 추론하는 태도이다. 네 번째, 비장애 부분인 타 기능도 제한한다. 신체의 어느 기관에 장애를 입으면 이것이 개인 능력 전반에 영향을 준다고 믿는 태도이다. 다섯 번째, 권위주의 적 태도이다. 장애인의 편에 서서 장애인을 옹호해야 한다고 생각하며 건강한 자신이 장애인을 도와주어야 한다고 믿는 태도이다. 여섯 번째, 친교를 거부한다. 결혼을 통한 친족관계를 형성하는 것에 대한 거부의 태도이다. 일곱 번째, 접촉시 긴장한다. 장애인과의 접촉시 불안, 긴장, 창피한 감정을 느끼는 태도이다. 이처럼 정도의 차이는 있지만 일반적으로 장애에 대한 잘못된 인식으로 장애인과 비장애인의 보이지 않는 벽이 존재하고 있다.

(3) 청각장애인과 박물관

청각장애인은 외형상 비장애인과 구분하기 어렵기 때문에 사실 다른 장애인에 비하여 소외된 장애인이라 볼 수 있다. 그러나 청각신경의 손상으로 인하여 음성언어를 제대로 받아들이지 못해 인격형성과 각종 언어능력의 발달, 일상생활과 사회참여활동 등에서 큰 제약을 받고 있다.

이러한 청각장애인들에게 박물관이라는 복합문화예술센터는 신체적, 정신적, 사회적으로 긍정적인 효과를 줄 수 있다.[10] 신체적으로는 박물관을 방문한다면 자기의 일상 생활권에서 벗어나 이동을 하는 것으로 이동적 신체활동을 통해 생명활동을 증진시킬 수 있고,

---

9 공선희, 「청각장애인에 대한 일반인의 인식」, 전남대학교 석사학위논문, 2013, 18~19쪽.
10 김철현, 「청각장애인 역사문화관광에서의 제약요인과 선택요인 분석」, 서울시립대학교 석사학위논문, 2012, 18쪽.

건강한 삶을 영위할 수 있다. 정신적으로는 일상적인 삶에 대한 변화, 호기심 유발, 휴식, 문화예술에 대한 성취감 등의 다양한 정신적 욕구를 충족시킴으로써 행동제한에서 오는 자극이나 인간관계의 불안감 등 욕구의 불만족적인 요소를 제거시켜 주는 효과를 가질 수 있다. 사회적으로는 외부 박물관 방문활동을 통해 청각장애인의 제한적인 활동범위에서 벗어나 비장애인과의 조화로운 생활을 만들 수 있고, 동시에 서로 긴밀한 교류도 가능하다.

3. 청각장애인을 위한 박물관 활성화 방안

(1) 유니버설 디자인(Universal Design)의 적용

유니버설 디자인은 남녀노소, 장애의 유무, 국적 등을 초월하여 사람들이 사용하기 편리한 제품, 건축, 도시환경, 사회적 제도 등에 이르기까지 폭 넓은 환경의 개선을 전제로 하는 디자인 일괄을 말한다.[11]

이러한 유니버설 디자인의 7대 원칙은 다음과 같다.[12] 첫 번째, 공평한 사용이다. 모든 사용자들에게 같은 사용 방법을 제공하고, 가능한 언제나 동일하게 혹은 그렇지 못할 때에는 그 상응하게 어떤 사용자든지 분리하거나 비난하는 것에 대해 피하며, 프라이버시와 안전을 위한 규정을 두어 모든 사용자들에게 동등하게 이를 적용해야 한다. 두 번째, 사용상의 융통성이다. 사용방법의 선택권을 제공하여 왼손과 오른손잡이의 접근과 사용이 모두 가능한 방법을 도모하고, 사용자의 정확성과 정밀도를 용이하게 하며, 사용자의 보조를 맞출 수 있도록 한다. 세 번째, 간단하고 직관적인 사용이다. 불필요한 복잡성을 제거하고, 사용자의 기대와 직관력에 일치되게 하며, 광범위한 문자와 언어 기술이 접목되도록 한다. 네 번째, 정보 이용의 용이이다. 필수적인 정보를 다양한 그림, 언어, 촉감 등을 사용하여 최대한

---

11 문정원, 「장애인을 위한 박물관 교육현황에 따른 제안」, 이화여자대학교 석사학위논문, 2010, 19쪽.
12 조한진, 「청각장애인을 위한 Communication System 디자인에 관한 연구」, 서울산업대학교 석사학위논문, 2005, 23~26쪽.

쉽게 알 수 있도록 하며, 장애를 가진 사람들이 사용하는 기구나 기술 등과도 호환성을 유지한다. 다섯 번째, 오류에 대한 포용력이다. 위험과 실수를 최소화하도록 이를 경고하고 잘 배열하며, 안전성이 무너질 것을 항시 대비해야 한다. 여섯 번째, 적은 물리적 노력이다. 사용자들이 적절한 자세를 유지하여 합리적으로 작동하는 힘을 사용할 수 있도록 하며, 되풀이되는 동작을 최소화한다. 일곱 번째, 접근과 사용을 위한 충분한 공간이다. 중요한 요소들은 앉거나 서 있는 사용자들에게 확실하게 보이도록 하고, 손이나 손잡이 크기의 변동을 고려하며, 보조장치나 보조원의 도움을 받을 수 있는 적절한 공간을 확보한다.

이처럼 유니버설 디자인은 불특정 다수에게 적용할 수 있는 현대 사회에서 꼭 필요한 디자인이다. 이는 장애인과 비장애인의 경계를 허물 수 있고, 장애인에게 이동의 자유와 접근의 자유를 보장해 줄 수 있는 환경을 조성할 수 있다.

그렇다면 청각장애인을 위한 유니버설 디자인은 어떠한 요소들이 있을까? 청각장애인들은 소통을 위한 수단으로 수어를 사용하기 때문에 조명이 너무 어두우면 제대로 자신의 의견을 표출하기가 쉽지 않아 모든 상황에서 가시적(可視的)인 확보가 필요하다. 이를 위해 길고 넓게 오픈된 공간과 공간간의 이동시 형성된 코너의 각도를 완만하게 하여 위험적인 요소를 줄여주어야 한다. 이러한 전체적인 맥락에서 청각장애인을 위한 유니버설 디자인을 정리하면 다음과 같다.

| 유니버설 디자인의 박물관 적용 예시 |

공간	요소
입구	• 위험적인 요소를 최대한 배제하여 안정적인 통행로 구축 • 안내사인을 통해 보행시 생길 수 있는 장애물의 인지 확인 유노 • 자동문 설치 • 바닥의 문턱 제거
전시실	• 전시매체 : 박물관의 모든 자료를 시각화(색채, 빛, 온도, 촉각 등의 오감으로 체험할 수 있는 실내구성) • 공간 : 자료에 큰 영향을 주지 않는 범위 내에서 실내 조도를 높여 밝은 전시실 조성
기타 편의시설	• 화장실 : 조명등과 초인종 설치

• 자동판매기 : 시각적으로 확인할 수 있는 점열장치 설치
• 전화기 : 음량증폭장치, 보청기 호환성 전화기, 107(청각장애인 통신중계 서비스) 안내 표시

청각장애인을 위한 유니버설 디자인을 적용시킨 박물관 전시기획도이다.

기본적으로 박물관 입구와 진동 전시룸은 장애인을 위하여 자동문을 설치하였다. 출입구에는 수어를 하기에 편리하도록 조도를 높여주었는데 이때 터치스크린인 3차자료를 설치하여 직접적인 1차자료의 손상이 일어나지 않도록 구성하였다. 그리고 장애인과 비장애인을 위하여 벽선을 완만한 각도로 만들어 위험적인 요소를 최소화하였다. 또한 청각장애인을 위하여 설치한 공간인 진동 전시룸은 진동을 2%로 유지하여 독립된 공간으로 이동함을 알 수 있도록 하였고, 동시에 바닥의 높이를 15cm로 높여주었으며, 벽은 손이 닿으면 이미지가 변할 수 있도록 온도의 변화성을 유지하였다.

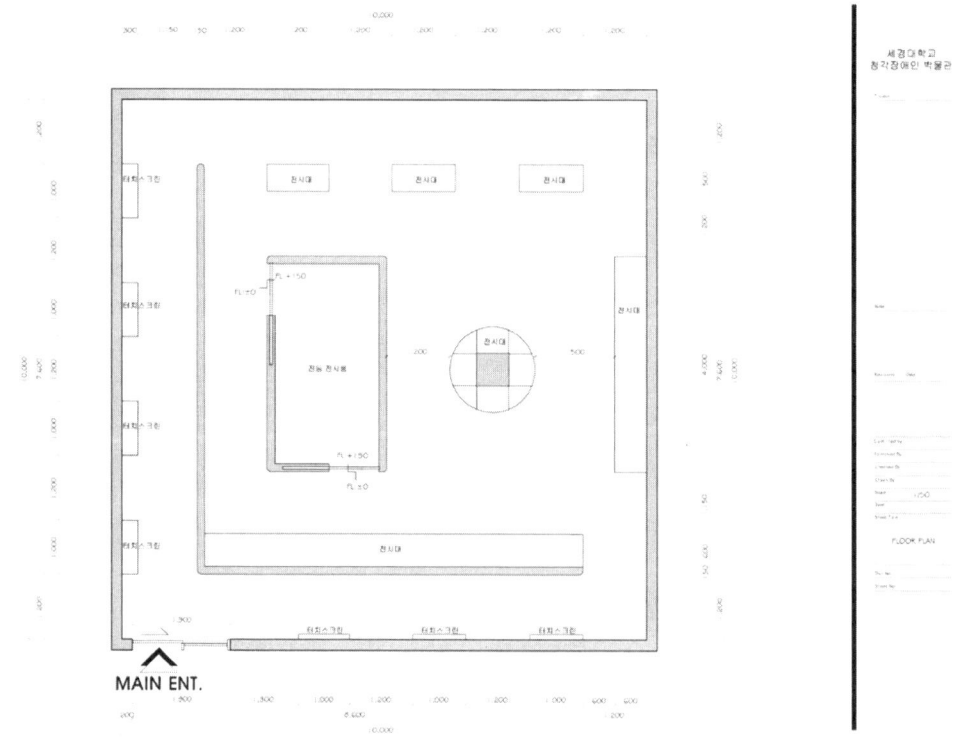

[평면도13]

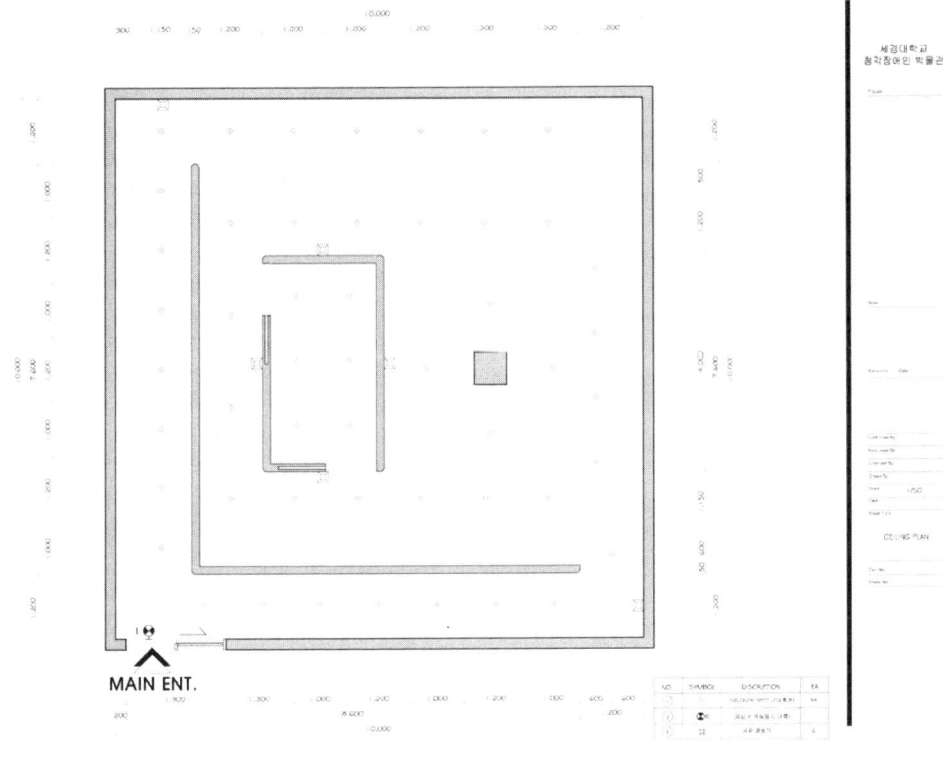

[천장도]

(2) 박물관의 접근성 극대화

청각장애인은 한정된 방법으로 소통할 수밖에 없는 상황이기 때문에 오감을 자극하여 다양한 경로를 통해 박물관의 모든 것을 경험할 수 있도록 여러 가지 장치를 마련해 줘야 한다.

첫 번째, 설명패널의 내용을 적절하게 사용한다. 박물관의 전체적인 정보와 각 자료의 정보를 상세하게 적어놓은 설명패널은 시각적인 기호로 이루어져 있는 박물관에서의 2차적인 자료이다. 현재 우리나라 대부분의 박물관에서는 백과사전식 설명패널이 대부분이라 청각 장애인이 이를 이해하는 데 한계가 있다.[14] 이에 박물관에서는 청각장애인들을

---

13 평면도와 천장도는 인테리어 디자이너인 강종선 선생의 작품이다.
14 청각적 정보 수용의 제한으로 부호화의 문제, 낮은 어휘력, 비효율적인 전략 사용 등의 문제로 인하여 청각장애인의 읽기 능력은 어려움이 많다.

배려하여 단순한 단어의 배열이 아닌 풍부한 상상력을 극대하여 박물관에 대한 전체적인 큰 그림을 그릴 수 있도록 각종 그림과 사진자료를 동원해야 한다.

두 번째, 소리를 대체할 수 있는 프로그램 및 시설을 구축한다. 먼저 청각장애인을 위한 수어통역 프로그램을 제공하여 박물관의 전시와 교육에 주체자로 참여할 수 있는 기회를 제공해야 한다. 수어통역은 청각장애인과 비장애 인간의 의사소통이 가능하도록 수어로 말을 하는 것으로 청각장애인에게 필요한 정보를 수어로 통역하여 제공하는 서비스이다. 이때의 통역은 전화, 종교, 병원, 방송 등의 분야에서 이루어지는 통역과 다르게 먼저 박물관의 자료에 대하여 사전에 충분한 이해를 바탕으로 그 의미를 어떻게 수어로 표현할 것인가를 결정하고, 가시성을 위해 수어를 크게 할 것인지 심미성을 위해 수어표현을 변형하여 할 것인지에 대해 미리 결정이 이루어져야 한다. 수어를 할 때에는 청각장애인에게 뒤돌아 이야기하지 말고, 가능한 입술과 얼굴을 보며 1대 1로 정성껏 청각장애인과 소통하는 것이 중요하다. 이는 외국인을 위한 통역서비스나 비장애인을 위한 오디오가이드와 같은 맥락으로 이해할 필요가 있다. 다음으로 청각장애인을 위한 방송기술, 장애인 겸용 휴대폰, 수화통역시스템, 영상전자단말기 등의 기계시설을 제공하여 박물관에 대한 접근성을 높인다.

세 번째, 청각장애인을 위해 '찾아가는 박물관' 프로그램을 진행한다. 장애인의 특성상 새로운 공간에 대한 두려움을 갖고 있는 경우가 많기 때문에 전시와 교육 등을 청각장애인들이 많이 활동하는 농아인협회나 복지관에서 진행한다면 참여의 폭도 넓힐 수 있고, 더불어 편안함과 친근함을 느끼게 할 수 있다.

(3) 비장애인과의 화합의 장소로서 박물관의 역할 강화

청각장애인과 비장애인과의 접촉이 지속적으로 이루어져야 청각장애인에 대한 편견을 감소시킬 수 있으며, 근본적으로 소통을 통해 우리 사회의 구성원으로 자리매김할 수 있을 것이다. 청각장애인은 장애 판정 후 바로 농아인학교로 진학하여 줄곧 그 곳에서만

생활하기 때문에 나중에 사회에 적응하는 것이 쉽지가 않다.

이를 극복하기 위해서는 비장애인과의 단순한 접촉이 아니라 친밀한 인간관계를 형성해야 한다. 이러한 우호적인 만남의 장으로 활용될 수 있는 곳이 바로 박물관이다. 박물관은 대표적인 복합문화예술센터로 문화예술을 서로 관람하고 느낀 점들을 공유하면서 같은 공간에서 공예품을 만들어가는 행위를 통해 서로에 대한 오해의 소지도 없앨 수 있다. 또한, 청각장애인에 대한 부정적인 인식을 긍정적으로 변화시킬 수도 있다.

최근 박물관이 평생교육기관으로 인식되면서 여러 형태의 교육이 진행되고 있는데 이때 청각장애인에게 올바른 생활정보를 제공하는 것도 좋은 방법이 될 수 있다. 대부분 장애인들은 정보를 대중매체를 통해 얻고 있기 때문에 왜곡된 정보를 제공받는 일들이 많다. 박물관이라는 공공기관에서 청각장애인을 주제로 한 전시와 교육을 비장애인에게 제공한다면 청각장애인에 대한 보다 올바른 시각을 가질 수도 있을 것이다.

마지막으로 박물관에서 청각장애인을 위한 비장애인의 자원봉사활동을 유도해야 한다. 최근 삶의 질 향상과 주 5일제 등으로 여가활동이 증가되면서 여가를 건전하게 보낼 수 있는 방법 중 자원봉사15가 각광을 받고 있다. 특히, 박물관 자원봉사는 부족한 인력을 보충하고, 양질의 서비스를 다양한 계층에게 제공할 수 있는 중요한 인력풀제도이다. 이와 같은 자원봉사제도를 활용하여 청각장애인의 박물관 관람을 도와줄 수 있고, 마침내 비장애인이 청각장애인을 이해할 수 있는 집단으로 성장할 수 있을 것이다. 이를 위해서 박물관에서는 봉사활동이 원활하게 이루어질 수 있는 프로그램을 개발하여 사전교육 및 배치 후 평가를 통해 자원봉사활동이 원활하게 진행될 수 있도록 관리감독의 책임도 맡아야 한다. 여기에 박물관 인근 지역 농아인협회 회원들을 초청하여 지속적으로 박물관의 자원봉사자들과 청각장애인들의 만남을 유도해야 한다. 더불어 각종 체육대회 및 사생대회

---

15 자원봉사는 18세기 영국에서 시민의식과 민주주의 의식이 성장하면서 교회, 종교단체를 위주로 자선활동이나 구빈활동 차원에서 전개되다가 19세기 산업화로 사회복지의 일환으로 자리 매김한다. 1970년대 복지국가 위기론이 대두된 이후 자원봉사가 사회적으로 주목받기 시작하였다.

등의 축제를 정기적으로 마련한다면 청각장애인에 대한 인식전환에 좋은 결과를 만들 수 있을 것이다.

4. 맺는말

장애인들은 물리적 측면과 사회 인식적 측면에서 많은 어려움을 겪고 있다. 먼저 물리적 측면으로 이동권과 접근권이 확보되지 않아 사회시설을 이용하는 데 있어 매우 제한적이다. 다음으로 사회 인식적 측면에서 장애인에 대한 부정적 시선으로 사회활동에 제약을 받고 있다.

이처럼 우리 사회가 특정 대상인 장애인을 이해하는 데 아직 미흡한 부분이 많다. 향후 적절한 장애인에 대한 배려가 이루어진다면 장애인의 삶의 질을 높일 수 있으며, 사회통합도 가능할 것이다.

마지막으로 청각장애인으로 한평생 살면서도 독학으로 4개 국어를 통달하고, 외국계 회사에 입사한 김수림 씨의 명언은 우리 모두에게 시사하는 바가 크다.

"내가 가진 장애 덕분에 나는 도전할 수 있었고, 그래서 행복하다."

이는 신체적 장애를 뛰어넘을 수 있는 기회를 제공할 수 있는 사회적 풍토와 도전을 할 수 있는 강한 의지가 요구되는 대목이기도 하다. 이러한 도전정신을 깃들게 할 수 있는 장소로 필자는 박물관을 추천하고자 한다.

Ⅲ 참고문헌

• 네이버 지식백과 : 사회복지학사전, 이철수 외 공저, 2009.8.15, Blue Fish

• 장애인복지법 시행규칙 [별표 1] 장애인의 장애등급표(제2조 관련)

• 공선희, 「청각장애인에 대한 일반인의 인식」, 전남대학교 석사학위논문, 2013.

• 김철현, 「청각장애인 역사문화관광에서의 제약요인과 선택요인 분석」, 서울시립대학교 석사학위논문, 2012.

• 문정원, 「장애인을 위한 박물관 교육현황에 따른 제안」, 이화여자대학교 석사학위논문, 2010.

• 성경희, 「청각장애인의 주유 후속문제와 상담문제에 대한 태도」, 계명대학교 석사학위논문, 2007.

• 조한진, 「청각장애인을 위한 Communication System 디자인에 관한 연구」, 서울산업대학교 석사학위논문, 2005.

시각장애인을 위한 박물관 복지서비스 현황분석

이지희 · 유수정[1]

●

●

●

1. 머리말

우리나라의 문화시설은 공연시설, 전시시설, 도서시설, 지역문화복지시설, 문화보급 · 전수시설, 그밖에 문화시설로 나뉜다. 먼저 공연시설은 공연장[2], 영화상영관[3], 야외음악당[4] 등이 있으며, 전시시설은 박물관, 미술관, 화랑[5], 조각공원[6] 등이 있다. 도서시설은 도서관과 문고가 있고, 지역문화복지시설은 문화의 집[7], 복지회관[8], 문화체육센터[9], 청소년 활동시설 등이 있으며, 문화보급 · 전수시설은 지방문화원, 국악원[10], 전수회관[11] 등이 있다. 그밖에

---

1 국민대학교 행정대학원 미술관박물관학 전공
2 공연장은 「공연법」 제2조 제4호에 따른 종합공연장(시 · 도 종합문화예술회관 등 1천 석 이상의 대규모 공연장), 일반공연장(시 · 군 · 구 문화예술회관 등 1천 석 미만 300석 이상의 중규모 공연장), 소공연장 (300석 미만의 소규모 공연장) 등을 지칭한다.
3 영화상영관은 「영화 및 비디오물의 진흥에 관한 법률」에 따른 영화를 상영하는 공연장으로 「영화 및 비디오물의 진흥에 관한 법률」 제36조 제1항에 따른 영화상영관과 「영화 및 비디오물의 진흥에 관한 법률」 제2조 제10호 단서에 따른 비상설상영장 등을 지칭한다.
4 야외음악당은 연주 · 연극 · 무용 등을 할 수 있는 야외시설로서 「공연법」에 따른 공연장 외의 시설을 지칭한다.
5 화랑은 회화 · 서예 · 사진 · 공예 등의 작품을 전시 · 매매하는 시설이다.
6 조각공원은 조각 작품을 전시하는 공원이다.
7 문화의 집은 지역주민이 생활권역에서 문화예술을 이해하고 체험하며, 직접 참여할 수 있도록 하기 위한 것으로서 관련 프로그램과 지식 및 정보를 제공하는 복합문화공간이다.
8 복지회관은 지역주민의 사회참여 기회를 확대하고 복지를 향상하기 위한 것으로서 지역사회의 발전을 위한 집회 및 강연, 그 밖에 각종 관련 행사 등이 이루어지는 시설이다.
9 문화체육센터는 지역주민의 문화 · 체육활동을 향상하기 위하여 건립된 시설이다.

위와 같은 문화시설외의 시설로서 문화예술활동에 지속적으로 이용되는 시설 중 문화체육
관광부장관이 정하여 관보에 고시하는 시설 등이 있다.

이러한 다양한 문화시설들이 존재하고 있지만 아직 장애인을 위한 문화복지 프로그램과
장소가 상당히 미흡한 실정이다. 이에 장애인을 위하여 문화예술을 함께 체험하며, 즐길
수 있는 장소를 마련할 수 있다면 장애인들의 문화향수 증진에 크게 이바지할 수 있다.

따라서 본고에서는 전국의 수많은 문화시설 중 전시공간인 박물관에 주목하여 시각 장애인
들이 자율적으로 박물관을 이동하고 체험으로써 문화 혜택을 누릴 수 있는 방안을 모색하고
자 한다. 이를 위하여 시각장애인을 위한 박물관을 조성할 수 있도록 논의하고자 한다.

2. 시각장애인과 박물관

(1) 시각장애인의 정의

우리나라에서는 「장애인복지법」제 2조에 따라 장애인이란 신체적, 정신적 장애로 인하
여 장기간에 걸쳐 일상생활 또는 사회생활에 상당한 제약을 받는 자라고 정의하고 있다.
그러면서 장애의 유형을 신체적 장애와 정신적 장애로 구분하였다.

| 「장애인복지법」에 따른 장애 유형[12] |

대분류	중분류	소분류	세분류
신체적 장애	외부 신체의 장애	지체장애	절단장애, 관절장애, 자체기능장애, 변형 등의 장애
		뇌병변장애	중추신경의 손상으로 인한 복합적인 장애
		시각장애	시력장애, 시야결손장애
		청각장애	청력장애, 평형기능장애
		언어장애	언어기능장애, 음성기능장애, 구어장애
		안면장애	안면부위의 변형 또는 기형으로 사회생활에 상당한 제약

---

10 국악원은 전통 국악의 발전을 위하여 설치된 교육시설 및 전수시설이다.
11 전수회관은 지방 고유의 무형문화재를 지속적으로 교육 · 전수하고 보존할 수 있는 시설이다.
12 박미선, 「장애인을 위한 박물관.미술관의 교육프로그램 사례조사 연구」, 숙명여자대학교 석사학위 논문, 2007, 52쪽.

	내부 기관의 장애	심장장애	일상생활이 현저히 제한되는 심장기능 이상
		신장장애	투석치료 중이거나 신장을 이식받은 경우
		간장애	만성질환, 만성감염, 간경변증, 간세포암종 등의 질환
		호흡기장애	만성 호흡기질환에 의한 호흡기능의 손실로 오는 장애
		장루·요루 장애	복벽에 소변 또는 대변을 대출시키는 인공항문을 지님
		간질장애	일상생활에 상당한 제한을 받는 간질에 의한 뇌신경세포의 장애
정신적 장애	발달장애	지적장애	지능지수가 70 이하인 경우
		자폐성장애	소아자폐 등 자폐성 장애
	정신장애	정신장애	정신분열증, 분열형정동장애, 양극성정동장애, 반복성우울장애

이러한 장애인들의 통계는 다음과 같다.[13]

장애 유형	2010	2011
총계	2,517,312	2,519,241
지 체	1,337,722	1,333,429
뇌병변	261,746	260,718
시각	249,259	251,258
청각	260,403	261,067
언어	17,207	17,463
지적	161,249	167,479
자폐	14,888	15,837
정신	95,821	94,739
신장	57,142	60,110
심장	12,864	9,542
호흡기	15,551	14,671

---

13 보건복지부, 등록장애인수 – 전국 연도별 장애유형별, 남녀
(http://stat.mw.go.kr/front/statDB/statDBView.jsp?menuId=11&nPage=1&sttsDataSeq=38&subjCd=&mrmlDate=&schSttsNm=%E3%85%88)

간	7,920	8,145
안면	2,696	2,715
장루 · 요루	13,072	13,098
간질	9,772	8,950

장애인은 2011년 12월말 기준 2,519,241명으로 2000년 12월 말 기준 958,000명에서 급격하게 증가하고 있다. 이와 같은 장애인의 증가로 인하여 장애인과 관련된 전반적인 환경인 고용, 복지, 교육, 사회참여 등이 빠르게 변화하고 있다.

그러나 장애인들의 여가활용방법(2009년) 통계를 보면, TV시청 59.6%, 휴식 및 수면 42%, 가사일 31%, 사교 관련 23.5%, PC 관련 16.2%, 종교활동 14.2%, 여행 12.4%, 감상 및 관람 11.4%, 스포츠 10.3%, 자기계발 6.1% 순으로 나타난다.[14] 뿐만 아니라 예술행사의 관람률(2007년) 통계를 보면, 영화 13.3%, 미술전시회 2.6%, 대중가요 콘서트 2.6%, 연극 2.3%, 문학행사 1.9%, 전통예술 공연 1.9%, 클래식 음악회 0.9%, 무용 0.2% 순으로 나타난다.[15]

즉, 사회는 변화하고 있지만 전체 장애인들이 즐기는 여가활동은 TV시청이나 영화관람 등으로 한정되어 있었다. 이마저도 시각이 매우 중요한 문화예술 행사인 만큼 시각 장애인들이 시청하거나 관람하기가 쉽지 않은 활동이다. 이에 시각 장애인 251,258명을 위하여 시각보다 오감을 자극하여 체험할 수 있는 문화활동을 마련하여 문화적인 혜택을 즐길 수 있도록 해야 한다.

시각 장애는 눈과 말초신경의 손상으로 인한 중심 시력 장애[16]와 시신경 교차에서부터 뇌영역까지의 신경이 손상되어 발생되는 중추성 시각 장애[17]를 말한다.[18] 대다수의 시각

---

[14] 한국장애인고용공단 고용개발원, 「2011 장애인 통계」, 2011, 212쪽.
[15] 한국장애인고용공단 고용개발원, 「2011 장애인 통계」, 2011, 213쪽.
[16] 중심 시력은 시야에 있는 물체를 상세한 부분까지 구분해 내는 능력을 말한다. 굴절이상으로 망막에 초점이 잘못 맺히거나 눈을 이루고 있는 여러 부분이 손상을 입으면 중심 시력 장애가 나타난다.
[17] 시각 자체에는 아무런 문제가 없더라도 뇌에서 시각 정보를 처리하는 시각 피질 손상으로 시력 장애를 겪기도 한다. 이러한 시각 피질 손상은 출산 시의 산소부족, 뇌 손상, 뇌 수종, 중추신경계 감염 등으로 발생한다.
[18] 위키백과 http://ko.wikipedia.org/wiki/%EC%8B%9C%EA%B0%81_%EC%9E%A5%EC%95%A0 2012년 1월 15일

장애인들은 잔존 시력이 남아 있어 아무것도 볼 수 없는 사람은 극소수이다. 하지만 시각 장애인들은 거의 대부분 공간과 형태를 제대로 포착하지 못하여 실생활이 어려운 형편이다.

| 「장애인복지법 시행규칙」 시각장애 등급표 |

시각장애등급	장애 정도
제1급	좋은 눈의 시력(공인된 시력표에 의해서 측정한 것을 말하며, 굴절이상이 있는 사람에 대하여는 최대 교정시력을 기준으로 한다. 이하 같다.)이 0.02 이하인 사람
제2급	좋은 눈의 시력이 0.04 이하인 사람
제3급	1. 좋은 눈의 시력이 0.06 이하인 사람 2. 두 눈의 시야가 각각 모든 방향에서 5도 이하고 남은 사람
제4급	1. 좋은 눈의 시력이 0.1 이하인 사람 2. 두 눈의 시야가 각각 모든 방향에서 10도 이하로 남은 사람
제5급	1. 좋은 눈의 시력이 0.2 이하인 사람 2. 두 눈의 시야가 각각 정상시야의 50% 이상 감소한 사람
제6급	나쁜 눈의 시력이 0.02 이하인 사람

이와 같이 시각장애인의 가장 큰 특징은 시력의 손실로 인하여 앞을 볼 수 없는 것이다. 특히 실명을 하여 시각장애인이 된 시각장애인들은 심리적 상실감을 가지게 된다. 이것은 완전한 신체의 상실, 일상생활기술의 상실, 자신감과 자존감 등의 상실로 나타날 수 있다. 결국 시각장애인을 위한 감성적이며 체험이 가능한 문화예술공간을 지속적으로 방문할 수 있는 기회를 제공한다면 인간의 정서와 사상을 형성하고 자기 창조의 기회를 가질 수 있으며 감성이 풍부해지고 결국 삶의 활력소가 될 것이다.

(2) 시각장애인의 심리적 특성

시각장애인의 심리적 특성은 시각장애의 원인, 정도, 시기에 따라 그 영향이 모두 다르기 때문에 전적으로 같은 심리적 특성을 지녔다고는 할 수 없다.

먼저 실명의 원인이 심리적 특성에 영향을 미치는데 선천적 시각장애인 중 유전에 의한 시각장애인들은 후천적 외상이나 질병에 의한 실명인들과는 다른 문제가 있다. 유전이냐 아니냐가 직접이든 간접이든 심리적 갈등의 원천이 된다. 구체적으로 점차 시각장애가 악화되어 눈을 제거하게 될지도 모른다는 공포를 갖는가 하면 망막변성인 경우에는 시야의 제한으로 보행 때 넘어질까 불안해하고 밤에 대한 두려움이 있다던가 하는 경우이다. 시각장애인의 심리를 이해하는데 또 하나의 중요한 요소는 장애의 시기이다. 슈레겔(Schlgel)[19]에 의하면, 5세에서 7세 이전의 실명과 이후의 실명은 심리적 발달 요구에 차이를 보인다고 한다. 전 맹인과 약시인의 심리적 문제에서도 전 맹인은 직접적 영향을 받으나 약시인은 사회 심리적 영향을 더 많이 받는다고 한다. 전 맹인은 숨길 수 없는 사실이지만 약시인 들은 그러한 사실을 감추고 정안인의 역할을 하려 하기 때문에 욕구 충족이 되지 않아 심리적 좌절을 초래할 수도 있다.

아무리 재활훈련을 받아도 정상인에 비하면 도움을 받아야 할 부분은 남아 있다. 문서를 읽는 일, 물건을 만져보는 일, 보행, 사회 적응 면에서 여러 가지 도움이 필요하다. 그러나 시각장애인 중에는 자기평가를 정확히 하지 못하고 도움 받기를 꺼리거나 도움 받는 것 자체를 능력 부족으로 생각하여 숨기는 경우가 많다. 가식적이거나 겉보기 적응이 바로 그것이다. 또 자신이 시각장애인이라는 것을 남이 알아차리지 못하도록 하기 위하여 잔존시력이 없으면서도 보행 시 흰 지팡이를 사용하지 않는다거나 안내자보다도 앞서 걸으려고 하는 불필요한 행동을 하는 사람이 많다.

이러한 심리적 특성은 생활환경에서 형성되는 것이며 생활이 고립되면 될수록 심해진다. 참된 적응이란, 실명이란 사실을 직시하고 그에 맞게 행동하는 것이라는 것을 이해시킬 필요가 있다. 또한 주변 동료들의 이해와 협조는 좋은 습성을 키우는 데 도움이 된다.[20]

---

19 카를 빌헬름 프리드리히 (나중에 : 폰) 슈레겔(Karl Wilhelm Friedrich [von] Schlegel, 1772년 3월 10일~1829년 1월 12일)은 독일의 시인, 평론가이자 학자이다. 그의 형 아우구스트 빌헬름 슈레겔과 더불어, 그는 독일 낭만주의의 평론 지도자이다.
20 부산점자도서관 홈페이지 내용 인용, 2013.04.30

3. 시각장애인을 위한 박물관 및 미술관 복지서비스 현황

「박물관 및 미술관 진흥법」제3조[21]에 따르면 국립 박물관은 국가가 설립·운영하는 기관으로 정의한다. 즉, 국립박물관은 다른 기관에 큰 영향을 줄 수 있는 박물관이고 다른 기관의 기준이 될 수 있기 때문에 여기에서는 국립중앙박물관, 국립민속박물관, 국립현대미술관 등 3기관의 프로그램을 통해 복지서비스의 현황을 살펴보고자 한다.

1) 국립중앙박물관[22]

(1) 손으로 읽는 그림책

이 프로그램은 6월 매주 목요일 4회에 걸쳐 운영된다. 일반 성인을 대상으로 시각장애인과 비시각장애인이 함께 손끝으로 읽을 수 있는 촉각 그림책을 만드는 프로그램이다. 시각장애인들에 대해 좀 더 이해할 수 있도록 이론 강좌 및 점자 익히기, 시나리오 구성하기, 촉각 그림책 재료 익히기 등 다양한 구성으로 되어 있다. 시각장애인들에게는 전시물에 대한 이해를 돕고, 비시각장애인들에게는 촉각을 통한 새로운 경험을 제공한다.

(2) 시각장애인을 위한 전시공간 조성

2013년 4월 18일부터 2013년 12월 31일 까지 상설전시관 1층 내 6개 장소에서 전시품 모형 촉각체험과 간편한 조작으로 전시품 해설 청취, 점자 해설 읽기 등 다양한 체험의

---

21 제3조(박물관·미술관의 구분)
　　① 박물관은 그 설립·운영 주체에 따라 다음과 같이 구분한다.
　　　1. 국립 박물관 : 국가가 설립·운영하는 박물관
　　　2. 공립 박물관 : 지방자치단체가 설립·운영하는 박물관
　　　3. 사립 박물관 : 「민법」,「상법」, 그 밖의 특별법에 따라 설립된 법인·단체 또는 개인이 설립·운영하는 박물관
　　　4. 대학 박물관 : 「고등교육법」에 따라 설립된 학교나 다른 법률에 따라 설립된 대학 교육과정의 교육기관이 설립·운영하는 박물관
　　② 미술관은 그 설립·운영 주체에 따라 국립 미술관, 공립 미술관, 사립 미술관, 대학 미술관으로 구분하되, 그 설립·운영의 주체에 관하여는 제1항 각 호를 준용한다.
22 www.museum.go.kr

기회를 제공한다. 이는 우리 문화재에 대한 시각장애인의 제한적인 전시공간 체험 기회를 확대하고 상시 학습효과를 높이는 효과를 갖고 있다.

| 시각장애인을 위한 전시품 및 전시장소[23] |

연번	전시품	장소
1	주먹도끼	101호 구석기실
2	돌칼, 요령식 동검	103호 청동기 · 고조선실
3	쇠투겁창	104호 부여 · 삼한실
4	오리모양 토기	104호 부여 · 삼한실
5	백제금동대향로	106호 백제실
6	고종황제 옥보, 명성황후 옥보	120호 조선 5실

2) 국립민속박물관[24]

(1) 시각장애인 홈페이지 개설

국립민속박물관에서는 2004년 5월부터 시각장애인을 위한 홈페이지[25]를 개설하였다. 시각장애인들에게 민속박물관 이용안내 및 전시실 소개와 함께 박물관 새 소식을 전하여 우리민속에 대한 흥미와 관심을 유발하고 알기 쉽게 민속을 이해하는 데 길잡이가 되고자 마련한 서비스이다. 하지만 시각장애인을 위한 음성 전용 페이지를 이용할 때에는 음성변환 프로그램과 사운드카드, 스피커가 장착되어 있어야만 한다.

(2) 점자도 · 문자도 프로그램

14세 이상 시각장애인을 위하여 2013년 5월 4일부터 6월 29일까지 총 8회로 신행되는 프로그램으로 문자도를 제작한다.

---

23 www.museum.go.kr
24 www.nfm.go.kr
25 http://www.nfm.go.kr : 8080/folk/blind/main.html

구분	일시		단계	교육내용	
1	5월 4일		도입	• 이사 및 프로그램 진행 과정 소개 • 학습 동기 유발 – 마음을 여는 대화 나누기	
2	5월 11일		전개	주제에 대한 설명 및 연계된 전시 관람	
3	5월 25일	매주 토요일 14 : 00- 17 : 00		1주	- 라포 형성
4	6월 1일			2주	- 박물관 이해, 미술 기초 훈련
5	6월 8일			3주	- 민속박물관 관람을 통해 나와 박물관의 스토리 만들기
6	6월 15일			4주	- 문자도 민속 예술 표현 활동 - 조별 작품 작업
7	6월 22일			5~6주	- 개인별 문자도 작업
				7~8주	- 전시를 위한 공동화 작업 - 결과물 전시
8	6월 29일		정리	학습정리 및 결과물에 대해 이야기 나누기	

(3) 국립현대미술관[26]

국립현대미술관에서는 시각장애인들이 현대미술을 올바르게 이해할 수 있도록 촉각교재를 제작하여 관련 학교 및 기관(단체)에 이를 배포하고 있다.

| 교재 |

교재명	내용
마음으로 느끼는 미술관(1, 2, 3)	국립현대미술관 대표 소장품
국립현대미술관 소장품으로 만나는 한국 근대미술	특별기획전 : 〈한국근대미술전〉 선별작품
아름다운 만남 – 아동을 위한 촉각 그림책	〈아름다운 만남 : 기증작품특별전〉 대표작품

---

[26] www.moca.go.kr

4. 시각장애인을 위한 박물관 및 미술관 활성화 방안

시각장애인을 위하여 박물관 및 미술관에서는 촉각, 후각, 청각 등의 오감을 자극시켜 다양한 체험이 가능할 수 있도록 유도하며 이를 위하여 시설 및 공간을 확충하고 프로그램 자체를 다채롭게 구성해야 한다.

1) 시설 및 공간 확충

장애인은 기본적으로 생활을 영위함에 있어 신체적 불편함으로 인하여 행동반경이 짧은 편이다. 그렇기 때문에 각종 건물과 시설을 이용할 때에는 알맞은 시설이 완비되어야만 한다.

장애인이 비장애인과 더불어 행복한 삶을 살아갈 수 있도록 이동의 자유, 접근의 자유를 보장해줄 수 있는 환경의 개선은 현재 매우 시급한 문제이다. 이는 생활공간 전반에 걸쳐 장애물 없는 환경인 무장애 공간의 조성으로 인하여 다른 사람의 도움 없는 독립성을 확보할 수 있다.

특히, 시각장애인을 위한 편의시설은 점자블록, 점자표지판, 점자안내 촉지도, 음성안내 장치, 승강기 등 자그마한 실천으로 충분한 기능한 부분들이다.

시각장애인을 위한 전시는 기본적으로 오감을 자극하여 문화활동과 교육프로그램이 모두 가능하도록 해야 한다. 이를 위해 전시공간에서는 촉각, 후각, 청각 등이 반응할 수 있는 여러 장치를 제작한다.[27]

시각장애인은 주로 손과 발을 이용하여 공간을 인지하고 형태를 감지한다. 즉, 공간의 내부에 존재하는 바닥, 벽, 기둥 등을 활용하여 촉각의 인지성을 부여한다. 우선 바닥재질의 이질적인 처리를 통해 전시공간을 서로 다른 공간으로의 명확하게 구분해준다. 벽의 재질 차별화를 통해 방향성을 제시하고, 블록 및 핸드레일 체계를 도입하여 환경의 변화를

---

27 이미영, 「시각장애자를 위한 미술관 전시 기획」, 국민대학교 석사학위논문, 2005, 10쪽.

사전에 준비할 수 있도록 해준다.

시각장애인에게 방향을 제시하고 작품에 대한 이해도를 높이기 위한 수단으로 각 전시공간에 특정의 향을 적용시킨다. 후각 정보를 통해 전시공간마다 장소성 인지를 증대시킬 수 있고, 전시공간의 진입방식에 따라 향기의 진행흐름도 같이 이어준다면 또 다른 동선을 제공할 수 있다.

시각장애인은 청각으로 방향을 감지하여 물체를 찾거나 공간의 크기를 파악하고, 방향 추적 및 위치 파악도 할 수 있다. 전시공간의 고정음을 기준으로 방향전환이 원활하게 이루어질 수 있는 한편, 해설음성, 자연음성, 인공음성 등을 사용하여 작품에 대한 이해도를 높일 수 있다.

2) 홈페이지와 교육프로그램 강화

사이버 교육과 시각장애인을 위한 교육프로그램을 강화해야 한다. 박물관 및 미술관 대부분이 홈페이지를 운영하며 박물관 유물과 전시 정보 등의 정보를 전달하고 있다. 시각장애인은 장애로 인해 정보의 접근성과 박물관이나 미술관의 시설 미비로 직접 가는 것도 어려울 뿐만 아니라 전시 관람도 어려운 상황이다. 홈페이지를 음성화하여 시각장애인들이 해당관의 유물에 대한 정보와 전시에 대한 지식을 얻게 함으로써 문화생활을 풍요롭게 해주어야 한다. 뿐만 아니라 시각장애인을 위한 스마트폰 음성인식장치를 대여하거나 전시물의 칩코드를 인식하여 전시에 대한 자세한 설명을 들을 수 있는 장치를 마련한다.

또한 각 박물관의 특성에 맞게 시각장애인을 위한 프로그램을 특성화하고 전문화시켜야 한다. 교육프로그램을 다양화하여 만들고 체험하는 것에 그치는 것이 아니라 비장애인이 보는 전시를 시각장애인을 위해 만들어 주어야 한다. 탐갤러리[28]와 시즈오카현립미술관[29]에서는 시각장애인들이 조각작품을 직접 만져보며 감상할 수 있도록 하였다. 이렇듯

---

[28] www.gallerytom.co.jp
[29] www.spmoa.shizuoka.shizuoka.jp

시각장애인도 비시각장애인이 보는 전시를 경험할 수 있는 교육프로그램을 진행하여야
한다. 이렇듯 전시장 소장품을 이용한 프로그램 확대와 다양한 이론 강좌를 홈페이지에
온라인화하고 체험과 감상, 비장애인과 시각장애인의 토론 수업 등 여러 가지 형태의
프로그램을 활성화해야 한다.

3) 전문인력 양성

현재 우리나라에서는 시각장애 관련 복지기관에서 근무하는 직원들이 시각장애에 대한
직접적인 교육을 받지 않는 경우가 많으며, 시각장애 성인을 위한 서비스를 제공하는
것도 훈련을 받지 않은 직원이 담당하고 있는 상황이다.[30]

이러한 상황은 문화예술센터인 박물관에서도 같은 패턴으로 진행되고 있다. 그렇기
때문에 박물관에서는 시각장애인 전문인력을 양성하기 위하여 장기적인 전문지식교육을
실시하는 한편 정기적으로 현장에서 근무하는 전문인과 함께하는 세미나를 개최하여
시각장애 전문인력의 실력을 꾸준히 쌓을 수 있도록 노력한다.

뿐만 아니라 시각장애인이 박물관 및 미술관을 방문하게 되면 비장애인과 같이 오지
않는 경우 해설사 및 인턴 혹은 자원봉사자들을 통해 시각장애인을 보조할 수 있도록
한다.

5. 맺는말

우리나라에서 장애인으로 산다는 것은 비장애인보다 더 많은 노력과 인내가 필요하다.
아직도 장애인에 대한 복지와 사회적 인식이 좋지 않아 이들이 사회에 나온다는 것 자체가
어려운 통과의례가 되었다. 많은 정책들이 나와 있지만 잘 실현되고 있지 않고 있으며
비장애인들 중심으로 사회, 정치, 경제, 문화가 이루어지고 있기에 소외되고 있는 장애인들

---

30 김영일, 「시각장애인복지론」, 집문당, 2010, 40쪽.

에게 관심을 가져야 하는 것은 당연하다.

　지금까지 살펴본 제안들이 일회성으로 그치지 않고 지속적으로 이어질 수 있도록 박물관 및 미술관 종사자들의 끝없는 노력이 필요하다. 장애인들을 위한 현실적이고 적극적인 제도와 배려가 이루어진다면 모든 이들의 삶의 질은 높아질 수 있으며, 비장애인과 장애인이 서로 소통하는 사회가 될 수 있을 것이다.

▥ 참고문헌

　• 한국장애인재활협회 www.freeget.ne
　• 부산점자도서관 www.angelbook.or.kr
　• 국립중앙박물관 www.museum.go.kr
　• 국립민속박물관 www.nfm.go.kr
　• 국립현대미술관 www.moca.go.kr
　• 김영일,「시각장애인복지론」, 집문당, 2010
　• 김은정,「시각장애인의 사회통합에 관한 요인 연구」, 서울여자대학교 석사학위논문, 2002.
　• 최재근,「시각장애인복지관 운영과 서비스 욕구에 관한 연구」, 단국대학교 석사학위논문, 2009.

제2부

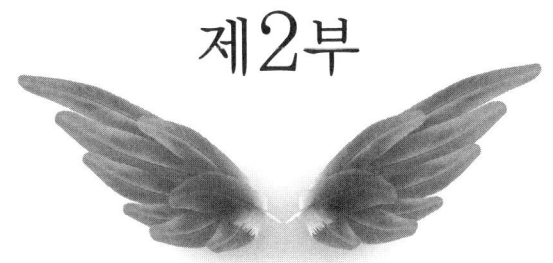

문화복지서비스의 활성화 방안

-박물관을 중심으로-

이형수[31]

●

●

●

1. 머리말

지난 2월 새롭게 출범한 박근혜 정부는 '국민행복, 희망의 새 시대'라는 국정비전 하에 경제부흥, 국민행복과 함께 '문화융성'을 새 정부가 나아갈 3대 목표로 선정했다.

특히 문화를 통해 사회적 갈등과 지역 · 계층 · 연령 간의 문화적 격차를 해소하여 '누구나 즐길 수 있는 문화'와 '문화가 있는 복지' 그리고 '문화로 더 행복한 나라'를 강조하고 있다(한국관광정책 2013 봄호). 이처럼 문화와 복지가 전 국민적 화두인 시점에서 국내 유일의 박물관 특구인 강원도 영월군의 박물관 · 미술관을 중심으로 한 문화복지서비스 활성화 방안을 찾아보고자 한다. 먼저, 문화복지서비스의 의의와 필요성 둘째, 현상학[32]적 측면에서 접근하여 영월군 관내 박물관 · 미술관의 문화복지 서비스 사례를 살펴보고, 셋째 박물관 · 미술관을 중심으로 한 문화복지서비스 활성화 방안에 대하여 실사구시[33]적

---

31 강원도 영월군 문화관광과장으로 두 번 재임하면서 폐광지역 영월을 국내 유일의 박물관 고을 특구로 육성하여 신 지식공무원과 아름다운 관광 한국을 만드는 10인에 선정되었다. 또한 제2회 문화관광 분야로 지방행정 최우수 달인으로 선정되어 대통령 표창을 수상하고 현재는 영월군 도시디자인과장으로 재직 중이다.

32 현상학 : 현상적 환원에 의해 자연적 사실을 배제하고, 다시 선험적 환원에 의해 초월적 본질을 배제한 뒤에 남는 소위 현상적 잔여(현상학적)로서의 순수한 의식 현상의 구조를 분석하고 기술하는 학문방법을 말한다(이종수, 행정학사전, 대영문화사, P565).

33 실사구시(實事求是) : 청대 고증학파가 내세운 학문 방법론. '실질적인 일에 나아가 옳음을 구한다.', '사실을 얻는 것을 힘쓰고 항상 참 옳음을 구한다.'로 풀이되고 있다(네이버 백과사전).

정책 대안을 제시하여, 새 정부 문화복지정책에 문화향수 취약계층 중 특히 경제적 취약계층34과 장애인, 노인 등 사회적 취약계층35에 대한 정책방향과 과제 도출로 박물관 문화복지서비스가 정책의제로 채택될 수 있도록 하고자 한다.

2. 문화복지서비스와 박물관·미술관의 역할

1) 문화복지서비스의 의의

문화복지가 무엇을 의미하는가에 관해서는 학자들 사이에 통일된 정의는 없으며 다양한 방식으로 정의되고 있다36. '문화 복지'라는 용어는 문화계에서 주로 사용하고 기존의 복지개념에서 거의 다루어지지 않은 새로운 개념이다. '문화'와 '복지'의 결합어로 '문화'가 '사회복지'라는 영역과 결합하면서 생겨난 새로운 의미를 갖는 신조어이다. 즉, 문화복지는 사회 변화와 함께 사람들의 욕구도 다양해지고 그 욕구수준 또한 높아지기 때문에 사회복지 개념과 영역이 확장되고 사회적 개입 또한 확대되지 않을 수 없는 환경에서 시작된 것이다 (현택수, 2006). 즉 문화복지라는 어휘는 문화정책이나 문화행정의 필요에 의해 등장하였지만, 그 개념이나 내용, 그리고 그 구조적 접근이나 수단이 확고하게 설정되어 있지 못하고 있다. 심지어 그 어휘가 구조적으로나 학술적으로도 명확히 규정되지 않은 채 사용되고

---

34 경제적 취약계층 : 저속계층의 경우 우리나라에서는 '국민기초생활보장법'에 의거, 기초생활 수급자나 차상의 계층이 일반적인 복지정책의 우선 대상이 된다. 기초생활 수급자는 '부양의무자가 없거나, 부양의무자가 있어도 부양 능력이 없거나 부양을 받을 수 없는 자로서 소득 인정액이 최저생계비 이하인 자'를 말하며, 차 상위 계층은 소득 인정액이 최저생계비의 100분의 120 이하인자를 말한다(한국관광정책, 2013, 봄호, 22쪽).

35 사회적 취약계층 : 장애인과 노인은 1차적으로 신체적 제약으로 문화활동을 제대로 추I하지 못하는 집단이나. 여기에 사회적 불편한 시선, 동반자의 부재, 경제적 제약 등이 중첩적으로 결합되어 문화활동에 제약을 받는다. 장애인, 노인의 경우 문화활동을 즐기기 위해서는 특별한 시설과 서비스가 필요하므로 비용지출이 높고, 응급치료가 가능한 의료진 혹은 전문 도우미가 동반해야 하는 경우가 많으므로 공공영역에서는 지원이 불가피하다고 할 수 있다(한국관광정책, 2013, 봄호, 22쪽 재구성).

36 정홍익·이종열·박광국·주효진, (2008), 〈문화행정론〉, 서울 : 대영문화사, 251쪽.

있어 용어 사용에 혼란을 주고 있으며, 문화계와 사회복지계 사이의 의견 대립과 감정적 갈등 관계로 이어지고 있다. 이러한 이유 때문에 용어에 대한 혼란을 없애고, 용어로 인한 문화계와 사회복지계 사이의 대립과 갈등을 불식시킬 뿐 아니라, 지속적이고 일관성 있는 문화복지 추진이나 사회복지계의 발전을 위해서 문화복지의 개념과 영역 정립이 필요하다. 이러한 관점에서 '문화복지' 개념을 처음으로 정의한 이종인(1987) 등 여러 학자들의 이론을 종합할 때, 문화복지는 '국민들의 삶의 질을 높이기 위해, 국민의 문화 감수성과 문화직 창의싱을 함양하어 인간나운 문화생활의 보상과, 문화생활 수순을 높이는 정부 및 민간 활동으로 규정하고, 국민들의 삶의 질과 관련하여, 삶의 질의 결과로서 문화생활을 관련짓는다. 한편 문화복지서비스는 문화적 생활뿐만 아니라 건강한 생활, 쾌적한 여가생활까지 내용과 범위를 확대하고 있다.'[37]

2) 박물관·미술관 문화복지 서비스의 필요성

박물관의 기능과 역할 변화로 문화복지서비스는 이제 박물관의 중요한 기능으로 역할을 하게 되었으며, 구체적으로 어떤 요인으로 문화복지서비스가 필요한지를 정리해 본다.

첫째, 현대 박물관의 새로운 기능변화로 문화복지서비스의 필요성이 강조돼다. 현대 박물관에 요구되는 새로운 기능을 보면, 먼저 동질의 문화자원이 분포되어 있는 범위의 지역에 문화 클러스터를 구축함으로써 시민들에게 문화복지 서비스의 질을 높이고 다양한 경험을 제공할 수 있어야 한다. 현대 박물관에 요구되어지고 있는 새로운 역할은 다양화되고, 고도화되어 모든 이용자들의 여가활용과 학습활동, 문화체험활동과 커뮤니케이션장 등 문화의 총체성을 지향하려는 열린 공간, 확대된 기능으로의 변화를 꾀하고 있다.

둘째, 사회문화적 환경변화로 인한 문화복지서비스의 필요성이다. 주5일근무제 시행에 이어, 주5일수업제 시행으로 창의체험학습이 강조되면서 관람객들은 여가시간이 늘어나게

---

37 김헌영,「문화복지서비스 활성화 방안에 관한 연구」,충북대학교 박사학위논문, 2011.7~11쪽.

되었고 휴식만큼이나 문화예술 향수와 창작에 시간을 소비하게 되어, 그 전보다 문화시설에 대한 인식의 변화가 높아지게 되었으며 또한 소득 및 교육수준이 향상되면서 '삶의 질'을 중시하게 되었고, 사회구성원들은 자신의 여가시간을 자아실현과 재창조의 시간으로 인식하게 되어 박물관이 '여가와 교육을 활용하는 공간'으로 변화되었다.

셋째, 문화시설로서 문화향유율의 증대를 위한 문화복지서비스의 필요성이다. 박물관은 문화시설로서 문화복지서비스를 통한 문화 향유율 증대에 기여해야 한다. 이와 관련하여 정부에서 시행한 「문화향수 실태조사」[38]에 의하면 실제 국민들의 문화시설 이용률과 행사 참여율은 문화시설 중 박물관에 대한 이용률과 박물관에서 실시하는 문화행사 참여율은 감소하거나 정체되어 있음을 알 수 있다. 2008년 조사에서 조사대상자의 45.2%가 문화시설을 이용하였으며 12.1%는 박물관을 이용한 것으로 나타났다.

| 문화시설 이용률 및 문화행사 참여율 |

구분	이용률(%)				문화행사 참여율(%)			
	2000년	2003년	2006년	2008년	2000년	2003년	2006년	2008년
전체	47.6	38.9	41.9	45.2	38.7	32.2	30.1	30.0
박물관	13.1	11.5	12.3	12.1	9.8	10.8	8.8	8.0

자료 : 문화향수 실태조사(각 년도), 재구성

따라서 개별 문화시설의 콘텐츠 경쟁력과 문화복지 서비스의 중요성이 강조될 수밖에 없으며 이를 통해 문화 향유율을 증대시켜 나가야 한다. 또한 문화시설에서 열리는 문화행사 참여 장애요인으로 시간부족과 관심 있는 프로그램이 없다는 것, 그리고 비용과다와 관련정보의 부족이 대부분을 차지한다. 결과적으로 직장인과 학생들을 위한 수요자 중심의 다양한 프로그램 개발과 문화소모임(동호회) 활성화, 문화정보교류 확대, 민간기업의

---

38 문화체육관광부와 한국문화관광연구원에서 통계청의 승인(승인번호 11301호)을 받아 시행한 '문화향수 실태조사'로 2008년부터는 표본수를 늘리고 2년 단위로 실시함

사회공헌 활동과 연계한 지역사회 기여활동에 대한 공공지원 등을 통해 문화 향유율 확대를 기해야 한다. 또한, 8.0% 수준에 머무르는 박물관 문화행사 참여율을 높이기 위해서는 문화시설이 생활속에 자리 잡아 생활친화형 시설로 변모되어야 하며 이를 위한 박물관의 문화복지 서비스 필요성이 강조된다(김헌영, 2011 : 38~43).

3. 영월군 관내 박물관 문화복지서비스 사례

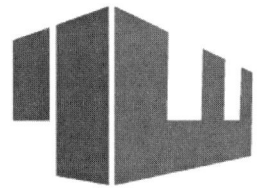

[영월군 박물관고을 로고]

1) 영월군의 박물관 창조문화산업 들여다보기

영월군은 1999년 4월에 개관한 책 박물관을 시작으로 하여 2000년 7월 민화박물관, 2001년 4월 현대미술관, 10월 묵산미술관, 10월 별마로전분대, 2002년 4월 단종역사관, 5월 곤충박물관, 2003년 10월 난고 김삿갓문학관, 2005년 사진박물관 등 국내 지방자치단체에서는 드물게 군세에 비해 많은 박물관을 소유하고 있는 지역이다. 이는 우리나라 인구 13만 명당 1개의 박물관과 비교할 때 전국 시·군단위 평균수치에서 단연 1위를 차지해 박물관 도시로서의 영월의 이미지를 확실하게 굳히고 있다. 영월의 박물관 대동은 수려한 산수와 자연환경이 설립자의 잉태 본능을 자극하였다고 실제 박물관 운영자는 말하고 있다. 또한 영월지역의 인구 감소로 인해 폐교된 학교를 문화시설로 전환하면서 오늘날과 같은 박물관 증가를 가져오게 되었다. 뒤를 이어 2001년 10월 국내 최초의 영월 별마로 천문대가 개관하면서 '학습관광'이자 '교육관광(Education tourism)'의 목적지로서 영월이라는 관광목적지의 성격을 변모시킬 수 있는 전기를 마련하게 되었다.

그리고 2005년 동강사진박물관을 개관하면서 공공박물관 2개가 추진되어 박물관 타운이라 불릴 만한 기반시설을 어느 정도 갖추게 되었다. 이러한 기반조건을 토대로 낙후지역이다 그렇겠지만 영월도 석탄산업의 쇠퇴로 인한 지역의 경기침체를 효과적으로 극복하고 떠나는 곳에서 돌아오는 곳으로의 이미지 전환을 꾀하는 노력이 곳곳에서 벌어지고 있다.

2005년 행정자치부가 공모한 신 활력사업[39]에 '박물관고을 육성' 사업이 선정되어 많은 노력들이 있어 왔다. 영월군은 이 사업을 통하여 영월의 특성을 살릴 수 있는 문화공간 조성, 관광상품 개발, 다양한 관광 네트워크 구성을 통하여 관광객 체류형 관광지화를 유도하며, 영월군민이 참여하고 주체가 될 수 있는 개발방안을 모색하고 있다. 이 사업계획에 따르면 현재 9개소의 박물관 운영에 덧붙여 추진 중에 있는 2개소의 박물관과 향후 2015년까지 10개소 이상의 박물관을 추가건립함으로써 총 20개소 이상의 박물관 및 전시관을 보유하여 세계적인 박물관도시를 육성한다는 비전을 제시하고 있다. 지역 내에서의 여론은 박물관도시에 대한 방향에 대해서는 전적으로 동감하고 있으나 문화부문의 사업임에도 불구하고 경영에 대한 자생력 요구와 지역주민 소득과의 연계를 강력하게 요구하고 있음을 볼 수 있다.

특히 단순한 전시기능에서 벗어나 지역주민의 요구와 특성을 반영한 시설 및 프로그램을 갖추어 휴식공간과 교육을 담당하는 복합문화공간으로서의 박물관을 기대하고 있다[40]. 영월군의 박물관 창조문화산업은 2008.12월 박물관고을 특구지정[41]을 계기로, 2013. 4월 현재 영월군 관내에는 26개소[42]의 박물관·미술관이 개관하였으

---

[39] 신활력사업은 오지·도서·접경지역 및 개발촉진지구 개발 등과 같은 기존의 낙후지역사업과는 달리 선정지역범위·사업추진 주체·사업내용 등에서 하드웨어(hardware)보다는 소프트웨어(software)적인 사업을 선정하여 추진하도록 하고 있다.

[40] 임상오·이보아·전영철, (2007), 〈박물관 창조도시 영월〉, 서울 : 해남, 86~88쪽.

[41] 지식경제부 고시 제2008-235호(2008.12.31).

[42] 난고 김삿갓문학관, 동강사진박물관, 단종 역사관, 별마로천문대, 천문교육관, 영월곤충박물관, 묵산미술박물관, 영월국제현대미술관, 영월화석박물관, 조선민화박물관, 쾌연재 도자미술관, 호안 다구박물관, 호야지리박물관, 세계민속악기박물관, 영월아프리카미술관, 영월동굴생태전시관, 강원도 탄광문화촌, 영월종교미술박물관, 동강생태정보관, 베어家 곰 인형박물관, 불로강성수유물기증전시관, 영월 근현대 생활사박물관, 영월초등교육박물관, 동강디지털소사이어티, 인도미술박물관, 영월미디어기자박물관

며, 6개소[43]를 추가 건립 중이다. 그 결과 문화체육관광부가 전국광역도 소재 158개 기초 시·군을 대상으로 조사한 '2012 지역문화지표 개발 및 시범적용' 결과에 따르면 지역문화지수 종합순위에서 영월군이 군단위에서 6위를 차지하였다. 또한 영월군은 문화 기반시설, 문화환경조성, 문화시설 성과지표 등을 종합한 지역문화 인프라 부문에서 전국 군지역 중에서 1위를 차지한데 이어, 지역문화정책 부문에서도 2위에 올랐다. 이번 조사는 문화체육관광부가 지역문화 현황을 파악하고 문화수준을 진단하기 위해 마련한 것으로 문화정책, 문화인력, 문화활동 등 분야별 38개 지표를 지수화한 내용을 담고 있다. 향후 영월군은 박물관·미술관 100개소 개관을 목표로 하고 있다.[44]

2) 영월군 관내 박물관 주요 문화복지서비스 사례

지붕 없는 박물관 창조문화도시를 표방하는 영월군의 박물관·미술관·과학관·전시관 에서 추진하고 있는 문화복지서비스 사례를 살펴보고자 한다. 1999년 4월에 영월군 최초의 박물관인 책 박물관에서 개최한 '책 축제'가 박물관 문화복지 서비스의 효시이다. 그 후 2005년 행정자치부가 공모한 신 활력사업에 '박물관고을 육성' 사업이 선정된데 이어, 2008년 12월 박물관 특구지정을 계기로 제도권 틀 속에서 영월구 중심으로 박물관 문화복지 서비스사업을 역점 추진하게 되었다.

이러한 영월군의 박물관 문화복지 서비스사업은 2000년대 초반에는 박물관 운영자 중심에서, 2000년대 중반부터는 영월군 중심으로, 그리고 2010년대는 영월군과 박물관 운영자와 주민의 연계협력사업으로 추진되는 변천과정을 거쳐 왔다. 그러나 최근에는, 문화체육관광부 및 영월군의 행·재정적 지원 아래 한국문화예술위원회와, (사)한국박물 관협회를 비롯한 (사)영월군박물관협회 중심으로 박물관 문화복지 서비스사업이 활발하게

---

43 술 샘 박물관, 만봉 불화박물관, 한민족 역사박물관, 참숯 헬스토피아(전시관), 사진예술창작 스튜디오, 사군자전시관
44 영월군 (2005~현재), 박물관 고을 육성전략 내부자료

추진되고 있다. 현재 영월군 관내 박물관 문화복지서비스사업은 24개 박물관 자체사업을 비롯하여 영월군과 공동으로 100여 개의 문화복지서비스를 제공하고 있다. 영월군 관내 박물관 주요 문화복지서비스 사례를 정리하면 다음과 같다.

| 영월군 관내 박물관 문화복지서비스 사례 |

박물관별	문화복지 서비스	박물관별	문화복지 서비스
난고 김삿갓 문학관	크로마키 사진체험, 김삿갓 친필체험, 김삿갓 복장체험, 김삿갓 묘역·생가답사	동강 사진박물관	크로마키 사진체험, 마그네슘 후레쉬 사진체험, 흑백사진체험, 국제사진제, 어린이 사진 전용 전시관
단종 역사관	세계문화유산조선왕릉(장릉) 참배체험, 생태학습장체험	곤충박물관	찾아가는 박물관, 장수하늘소 체험, 물방개체험, 올챙이투어
별마로 천문대	찾아가는 천문대, 천문특별이벤트	천문교육관	천체탐험 전문교육, 내안의 별을 찾아서
묵산 미술박물관	미술품 경매옥션(auction)사업, 미술교실, 공예교실	국제현대미술관	국제조각체험학교, 조각공원, 자연석에 그리는 내 얼굴
화석박물관	고생대 화석답사, 모형 화석발굴체험, 화석(삼엽충)발굴체험	조선민화 박물관	나만의 민화문패 만들기, 민화소장체험, 민화패널, 민화대중화 체험, 민화판화
쾌연재 도자미술관	생활 도자기체험, 도자 데코타일, 도자기 가마 굽기체험	호안다구박물관	다도교육, 세계 차 문화체험, 다도체험, 다도명상
호야지리 박물관	Karst 지형 지리 트래킹, 지리교육 강좌, 독도특강, 독도모형조립	세계 민속악기 박물관	Hand-on체험, 가믈란 오케스트라, 세계민속악기소리체험
아프리카 미술박물관	unicef교육, 아프리카 가면, COICKA 지구 체험관	동굴생태관	동굴동물체험, 동굴생태탐험, 크로마키사진체험
강원도 탄광문화촌	19공탄 찍기 체험, 탄광 막장체험, 탄광촌 음식 맛보기	종교미술박물관	찾아가는 박물관, 조각체험교실, 향수작품 전시
불로 유물 기증관	연중 무료개관, 기증 유물 무료대여	근·현대 생활사 박물관	문곡리 사람들 애장품 전시, 방문자 추억관

초등교육 박물관	저소득층 체험학습 프로그램	동강디지털 소사이어티	외국 박물관소장 원작 디지털 교육
인도미술 박물관	요가교육, 인도문양 공예, 인도음식(짜이)체험, 명상교육, 그림명상교육 콜람(Kolam)	미디어기자 박물관	뱃말 이야기조합 프로그램, 마을영화관 관람, 신문제작, 나도 사진기자, 1일 기자체험
연계협력사업(공통)	박물관 전시물 연계교육, 조선시대 주막거리, 그린컬처 마켓, 캐시백 마케팅, 원-스탑 서비스, 박물관 스템프투어, 박물관 놀이 한마당, 당나귀 타는 원시마을, 박물관특별전시, 문화과외 공부, 장애인 편의시설 설치, 태양광 설치, 기업메세나운동		

자료 : 영월군, (1955~현재), 박물관 고을 육성전력 내부자료, 영월군 관내 박물관 운영 자(관장)인터뷰 자료(2013.4.1~4.15).

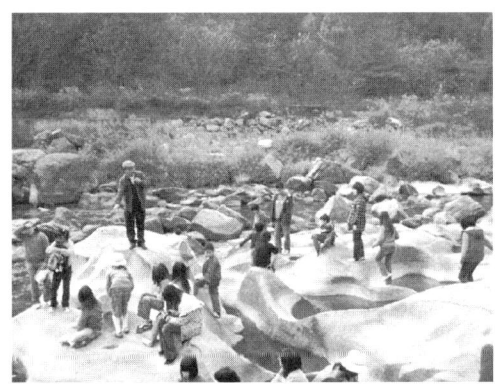

[호야지리박물관 지리트래킹(천연기념물 제543호 요선암 돌개구멍)]

3) 영월군 관내 박물관 문화복지서비스사례 시사점

위에서 보는 바와 같이 영월군 관내 박물관에서 제공하는 문화복지서비스사업에 따른 시사점은 다음과 같다. 먼저, 호야 지리박물관의 지역 자연자원을 활용한 카르스트(Karsr) 지형 지리트래킹과 조선민화 박물관의 소장 자료를 활용한 저가의 민화소장사업, 그리고 미디어기자박물관과 주민이 공동으로 설립한 '뱃말 이야기 조합'은 지방의 열악한 박물관 문화복지서비스사업에 가능성을 엿볼 수 있게 하였다. 그러나 시급히 보완해야 할 사안으로, 박물관의 문화복지서비스가 특정 계절과 일부 박물관에 편중된 점과 문화향수 취약계층별 맞춤형 문화복지서비스의 부족, 그리고 박물관 운영자의 열악한 재정문제는 박물관 문화복지서비스 활성화에 걸림돌이 되고 있다.

4. 박물관 문화복지서비스 활성화 정책방향과 과제

1) 중앙정부 정책방향과 과제

(1) 문화이용권(문화 바우처)제도 확대

종전 문화 바우처 제도를 금년부터 문화 이용권제도로 명칭을 변경하여 추진하고 있다. 문화이용권제도는, 경제적·사회적 여건 등으로 인한 문화소외계층에게 문화예술의 향유 기회를 확대하여 문화격차 해소 및 삶의 질 향상을 도모하는 소외계층 문화나눔사업이다. 2013년도 사업대상은 문화소외계층 187만 가구 총 332만 명으로, 총 예산은 493억원이며, 사업 내용 중 문화카드 발급은 카드 1매당 연간 5만원이다.[45] 따라서 사업대상과 사업내용에 따른 문화이용권제도를 점증적으로 확대하여 문화향수 취약계층[46]의 문화 향유율을 증대시켜야 한다.

---

[45] 2013년도 정부(문화체육관광부)의 문화이용권사업은, 사업대상으로 기초생활 수급자 및 차상위계층 등 문화소외계층 총 187만 가구 332만 명(수급자 85만 가구 147만 명, 차상위 102만 가구 185만 명)이다. 사업예산은 총 493억원(기금 349억원, 지방비 144억원)이며, 사업내용은 문화예술 프로그램 관람 및 체험기회 제공으로 문화카드와 기획사업이다.(문화체육관광부, 2013 문화이용권사업지침,1~7쪽).

[46] 문화향수 취약계층

구분	대상
경제적 소외계층	기초생활 수급자, 차상위계층, 임대주택 거주자
사회적 소외계층	장애인, 노인, 재활원·요양원·보육원·쉼터 등 사회복지시설 이용자, 소아병동 환자, 외국인 노동자 등
지리적 소외계층	읍·면·동·도서(섬)·간간벽지, 공단지역 주민
특수 소외계층	교정시설 수용자, 군인, 문화다양성(다문화)가정, 새터민 등

자료 : 문화체육관광부, 2013, 재구성.

(2) 문화복지 금고제도 도입

기존 저소득층에게 수여되는 '문화이용권(문화 바우처)' 제도는 점증적으로 확대하되, 스위스나 프랑스와 같이 부분적으로 국민에게 여행경비를 지원하는 '여행금고' 제도[47]를 검토하여 장기적으로「문화복지금고」제도 도입의 필요성을 제기하여 본다. 스위스 여행금고의 경우, REKA Check라는 여행자 수표를 발행하고 유통과정에서 소비자가 평균 16% 내외의 여행할인 혜택을 받고 있는데, 연간 수혜자가 200만 명에 달한다. 이는 스위스 인구가 2010년 현재 760만 명인 것을 감안한다면 국민의 1/4 이 수혜자인 것이다. 이러한 제도에 부가하여 장애인, 노인, 아동 등 경제적으로 열악함과 동시에 특별한 서비스 제공이 필요한 집단의 경우 정부 및 관련 단체의 전적인 지원을 토대로 박물관 문화복지서비스를 확대하는 제도 도입을 검토해볼 시점이라 사료된다.

(3) 문화복지 보조금 제도

박물관의 문화복지서비스 활성방안의 하나로 문화복지 보조금제도 도입을 제안하여 본다. 국가 및 지방정부에서 최소한의 예산을 확보하여 지방자치단체에서 박물관 운영자에게 문화복지 보조금을 지원으로써 박물관 특성에 맞는 문화복지서비스를 제공할 수 있을 것이다. 우선 경쟁력 있는 박물관을 대상으로 문화복지 서비스 보조금을 지원하여 사전실험(pilot experimentation)을 거친 후 대대적인 정책집행이 필요하다.

(4) 문화복지서비스 세제 도입

우리나라의 박물관 문화복지서비스 제도는 역사가 짧고 사회적 인식이 부족한 관계로 전적으로 정부예산에 의존할 수밖에 없는 구조이다. 중장기적으로는 민간의 인적 · 물적 지원을 확대해 나가야겠지만 이상의 사업들이 조기 실효성 있게 추진되기 위해서는 무엇보

---

47 한국관광정책, 2013, 봄호(기획특집 2), 16~31쪽. 참고

다도 안정적인 정부와 지방자치단체의 예산지원이 필수적이다. 따라서 '카지노 문화복지서비스 세제' 도입을 제안하여 본다. 2011년도 기준으로 강원랜드의 전체 매출액의 10%는 1200억 원으로 이중 일부를 문화복지서비스 재원으로 활용하는 것이다.[48]

2) 지방정부 및 박물관 운영자들의 정책방향과 과제

(1) 마을기업 육성

지방정부는 주민들이 요구하는 문화복지서비스를 효율적으로 공급해야 하며, 아울러 주민은 물론 특히, 경제적 · 사회적 취약계층의 민주적 참여에 대한 욕구를 만족시켜야 한다. 최근 자립적 지역발전을 위한 대안으로서 '마을기업육성'[49] 사업이 지역사회 초미의 관심사가 되고 있다. 지역실정을 잘 아는 자치단체를 중심으로 지역 거버넌스를 통해 지역(마을) 내 박물관과 지역주민이 공동으로 마을기업을 설립하여, 지역특성에 맞는 사업을 박물관과 연계하여 추진함으로써 박물관과 지역주민의 자립적 지역발전사업이 박물관 문화복지서비스에도 기여할 수 있을 것이다.

(2) 협동조합 설립

협동조합은, 공동으로 소유되고 민주적으로 운영되는 사업체를 통하여 공동의 경제적 · 사회적 · 문화적 필요와 욕구를 충족시키고자 하는 사람들이 자발적으로 결성한 자율적 조직으로(1895, 국제협동조합연맹 ICA), 일자리 · 복지 · 경제 활성화 등 다양한 사회적 요구에 대응할 수 있는 종합적인 정책수단이다.[50] 2013년도 정부(기획재정부)의 협동조합

---

48 현행 지방세법에 사행성 게임에 부과되는 레저세는 '경마, 경륜, 경정, 소싸움'에만 적용되고 카지노에는 부과하지 않고 있다. 따라서 문화향수 취약계층에 문화복지서비스를 제공하는 재원인 만큼 조세저항도 상대적으로 크지 않을 것이다.

49 마을기업 육성 : 마을 주민이 주도적으로 지역의 각종 자원을 활용한 수익사업을 통해 지역공동체를 활성화하고 지역주민에게 소득 및 일자리를 제공하여 지역발전에 기여하는 마을로, 안전행정부에서 2013년의 경우 410개 마을기업 육성지원에 200억 원(국비 및 지방비)의 사업비를 지원(마을기업별 1차년도 5백만 원, 2차년도 3백만 원 등 연차별 차등지원)한다(안전행정부, 「마을기업」 육성 시행지침, 1~6쪽).

정책방향에서 협동조합을 활용한 기존 정책 효과 제고방안의 하나로 '일자리와 복지'를 강조함으로써, 지역 내 박물관과 마을이 협동조합을 공동으로 설립하여 지역특성에 맞는 사업을 박물관과 연계하여 추진함으로써, 이 또한 박물관 문화복지서비스에도 기여할 수 있을 것이다.[51]

5. 맺는말

박물관 문화복지서비스 활성화 방안에 대하여 지방방공무원의 시각과 '박물관 창조도시 영월군'의 박물관·미술관을 중심으로 현상학적 측면에서 접근하여, 중앙정부 및 지방정부와 박물관 운영자, 그리고 주민을 중심으로 실사구시적 활성화방안을 제시해 보았다.

박물관의 문화복지서비스가 사회에 안착되고 보편화되기 위해서는 중앙정부와 지방정부 그리고 민간영역의 적극적인 참여가 무엇보다도 중요하다.

문화예술 분야의 경우, 문화를 통해 기업의 사회적 참여를 유도하는 '기업메세나운동'이 어느 정도 성과를 거두고 있다고는 하지만, 아직도 인식도 낮고 참여도 거의 이루어지지 않는 불모지나 다름없다. 따라서 중앙 및 지방정부에서는 문화복지서비스 예산 확보와 사업 추진시 박물관협회와 유관기관단체와 함께 사회적 인식 제고를 위한 프로그램 운영으로 민간영역의 참여가 확대될 수 있도록 노력해야 한다. 이를 계기로 새 정부 정책에 박물관 문화복지서비스사업이 적극 반영되도록 하여야 할 것이다.

아울러 박물관 문화복지서비스란 비전을 담아내는 시대적 사명선언을 조속한 시일

---

50 기획재정부, 2013,〈더 나은 세상을 향한 협동조합기본법〉,공무원 교육교재, 5~10쪽.
51 협동조합법 시행령 제14조(주 사업의 판단기준 및 방법) ① 법 제93조제1항에 따른 사회적 협동조합의 주 사업의 판단기준은 다음 각 호의 구분에 따른다. 2. 법 제93조제1항제2호의 사업 :「사회적 기업 육성법」 제2조제2호의 취약계층 및 그 밖에 기획재정부장관이 정하는 취약계층에게 사회서비스 또는 일자리를 제공하는 사업으로 다음 각 목의 어느 하나에 해당하는 사업일 것(가. 교육, 보건·의료, 사회복지, 환경 및 문화 분야의 관련 사업을 명시함으로써 문화복지와 관련된 조합설립의 근거를 마련하였다.)

내에 전국에 박물관과 함께 사회적 인식으로 이끌어 낸 다음 국가 박물관 정책의 마스터플랜 속에 자리 잡게 한다. 다음으로 국내 박물관·미술관을 하나의 박물관이라는 관점에서 박물관 문화복지 서비스를 디자인할 때 최량실천사례(best practices)를 어디서 구할 것인가를 찾아야 할 것이다.

끝으로 박물관 문화복지서비스의 핵심적인 파일럿프로젝트(pilot project)를 모색하여야 한다. 이는 우리나라 박물관 문화복지서비스는 이제 종착역이 아닌 여정의 시작이기 때문이다.

▥ 참고문헌

- 기획재정부(2013), 더 나은 세상을 향한 협동조합기본법, 공무원교육교재.
- 김헌영, 「문화복지서비스 활성화 방안에 관한연구」, 충북대학교 박사학위논문, 2011.
- 노영순, 국민행복시대, 복지관광의 현안과 정책방향(한국관광정책, 2013, 봄호)
- 영월군(2005~현재), 박물관고을 육성자료
- 영월군(2013), 관내 박물관운영자(관장) 인터뷰자료
- 이종수, 〈행정학사전〉, 서울 : 대영문화사(2009)
- 임상오, 이보아, 정영철, 〈박물관 창조도시 영월〉, 서울 : 해남(2007)
- 정홍익, 이종열, 박광국, 주효진, 〈문화행정론〉, 서울 : 대영문화사(2008)
- 한국문화관광연구원, 한국관광정책(2013, 봄호)
- 행정안전부, 2013 마을기업육성사업 지침

박물관의 문화복지 현황

-해외사례를 중심으로-

김연희[1]

·
·
·

1. 머리말

박물관은 인간의 삶과 관련된 모든 유·무형의 자료를 수집, 보존, 연구, 전시, 교육하는 복합문화예술공간으로 과거에는 고리타분하고 딱딱한 이미지를 가지고 있었으나, 이제는 친근하고 정겨운 이미지를 가진 장소로 변화하고 있다.

이는 박물관을 방문하는 관람객들이 박물관 자료에 대한 전문적인 지식을 쉽고 재미있게 접근하기를 원하기 때문이다. 이러한 욕구에 박물관은 수많은 기획전과 각종 체험학습, 영화 및 연극, 음악회, 뮤지컬 등을 개발하여 적극적으로 관람객 유치활동을 펼치고 있다. 여기에 관람객 스스로도 수동적인 모습에서 벗어나 능동적으로 다양한 프로그램에 참여하려 애쓰고 있다.

이와 같은 변화 속에 앞으로도 꾸준히 박물관으로 많은 관람객을 끌어 모을 수 있는 요소가 필요하다. 그것이 바로 박물관의 문화복지서비스이다.

이에 본고에서는 문화복지서비스의 관점에서 박물관의 가치를 인식하고 박물관을 발전시킬 수 있는 방향을 모색하는 한편 해외 박물관의 문화복지서비스의 운영사례를 살펴보고, 국내 박물관 문화복지서비스를 활성화시킬 수 있는 방안에 대하여 논의하고자 한다.

---

1 국민대학교 행정대학원 미술관박물관학 주임교수, 아트디렉터

2. 문화복지의 의의

1) 문화복지의 개념

문화복지라는 용어는 아직 학문적으로 명확하게 정의되지 않았으나 복지의 문화적 측면을 지칭하거나 문화적 활동을 통해 실현되는 복지의 측면을 모두 포함하는 개념이라고 할 수 있다.

그동안 다루어지지 않았던 새로운 개념으로서의 문화복지는 '문화'가 '사회복지'라는 영역과 만난 것이다. 즉, 문화복지는 자연스러운 사회변화와 함께 사람들의 요구사항이 늘어나고, 수준이 높아지면서 사회복지 영역이 확장된 상황 속에서 시작된 개념이라 볼 수 있다(현택수, 2006). 그러나 사실 사회복지 안에 있긴 하지만 문화의 의미를 어떻게 볼 것인가 라는 문제는 앞으로 문화복지가 지향해야 할 부분에서 중요한 의미를 차지하고 있다.

문화복지에 대한 정의는 학자마다 다른데, 이를 다음과 같이 정의해 볼 수 있다.

| 문화복지에 대한 개념 정의 |

연구자	개념 정의	구성 요소
이종인 (1987)	• 좁은 의미 : 문화적 결합을 가진 문화적 약자나 문화적 낙오자를 예방, 치료하는 것 • 넓은 의미 : 모든 국민의 문화생활상의 요구 내지는 문화적 필요성에 부응하여 문화 환경을 개선, 정비하고 개인이 필요로 하는 문화서비스를 제공하여 문화생활을 개선·향상시키는 사회문화적 서비스	• 문화적 결합자 치료 • 문화환경 개선 • 문화서비스 제공 • 사회문화적 서비스
정갑영 장현섭 (1995)	사회의 문화체계를 구성하고 있는 개인이나 집단으로 하여금 상실하였거나 약화된 전체사회 또는 하위체계의 사회적 기능을 회복하게 하거나 미래의 사회적 기능장애를 예방하게 하거나 새로운 상황에 적절히 대응하는 창의력과 적응력을 계발하도록 갖가지 법, 프로그램, 급부 및 서비스 등을 제공하기 위한 민간과 정부 차원의 광범위하고 조직적인 활동	• 사회적 기능 회복 • 창의력, 적응력 개발 • 민간과 정부의 활동

한국문화관 광연구원 (2007)	문화 감수성을 함양하여 개인의 삶의 질을 향상하고 사회적으로 요구되는 창의성을 증진시키려는 국가적·사회적 의지와 노력	• 문화감수성 함양 • 삶의 질 향상 • 국가적·사회적 노력
현택수 (2006)	국민의 미적 감수성과 문화적 창의력을 계발하여 문화소외층과 일반국민의 인간다운 문화생활을 보장하고 전체 국민의 문화수준을 제고시키려는 정부, 민간활동으로 여기서 문화생활이란 문화예술활동 및 관광, 스포츠 등 여가활동까지 포함	• 문화적 창의력 계발 • 문화생활 수준 제고 • 정부 및 민간활동
최현묵 (2008)	사회적 취약계층에 대한 문화적 향수권 보장, 일반 국민에 대한 문화적 공공서비스 제공, 그리고 문화적 다양성 획득을 위한 각종 문화프로그램 및 공공서비스	• 문화적 향수권 보장 • 문화적 공공서비스 • 문화프로그램 • 공공서비스
문화부 (1996)	진정한 의미의 '삶의 질'을 높이기 위하여 국민들의 문화적 생활, 건강한 생활, 쾌적한 여가 생활을 실현하는 제반 공공서비스를 제공하는 것	• 문화적 생활 • 건강한 생활 • 쾌적한 여가생활 • 공공서비스
김헌영 (2011)	국민의 삶의 질을 높이기 위해, 문화 감수성과 문화적 창의성을 함양하여 인간다운 문화생활을 보장하고 문화생활 수준을 높일 뿐 아니라 건강하고 쾌적한 여가활동을 실현시키는 정부와 민간의 문화 예술 활동 및 여가활동	• 문화감수성 • 문화적 창의성 • 정부와 민간의 활동 • 문화예술활동 • 여가활동

즉, 문화복지는 국민들의 삶의 질을 높이기 위하여 행하는 일련의 모든 행위 일괄을 의미한다고 볼 수 있다.

2) 문화복지의 역할

문화복지 혹은 문화에 대한 복지적 정책이념은 1980년대부터 '복지국가의 실현'이라는 국정 기본방향과 함께 언급되기 시작했다. 그러나 문화복지정책으로 특성화되지 않았던 문화복지 이념은 1996년 '삶의 질 세계화'라는 정책 기조 속에서 본격적으로 다루어지기 시작했다. 전 국민을 위한 문화향수 증진에 노력을 기울이며, 복지정책과 사회정책의 일환으로 문화복지의 이론적 토대가 마련되기 시작하였다. 이후 2000년대 접어들면서 사회적 소수자에 대한 정책으로 문화복지의 포커스가 맞춰지면서 소외계층을 위한 찾아가는 문화활동, 문화바우처, 사회취약계층을 위한 문화예술교육 등의 다양한 문화지원사업이 진행되었다.

특히, 한국문화관광정책연구원에서 발표한 문화복지 관련 연구에서는 '문화복지를 문화 감수성을 함양하여 개인의 삶의 질을 향상하고 사회적으로 요구되는 창의성을 증진시키려는 국가적·사회적 의지와 노력이다.'라고 정의하고 있다.[2]

사회와의 소통이 힘든 한 개인이 시민의 한사람으로 성장해 가는데 기여하고(civilization), 자신만의 소통방식 즉 비언어적인 표현능력을 개발시켜 창의적인 의사소통(communication)을 가질 수 있도록 프로그램을 기획하고 개발하여 네트워크를 구축하는 것이 바로 문화복지의 역할이다.

이렇듯 문화복지는 모든 국민의 문화적 향유 및 참여를 보장하고, 문화적 감수성과 창의성을 배양하며, 사회적으로는 사회적 통합 및 문화시민육성을 이루려 하는 것이다.

3. 박물관과 문화복지

1) 박물관의 개념과 역할

(1) 박물관의 개념

「박물관 및 미술관 진흥법」에서는 "박물관이란 문화, 예술, 학문의 발전과 일반 공중의 문화 향유 증진에 이바지하기 위하여 역사, 고고, 인류, 민속, 예술, 동물, 식물, 광물, 과학, 기술, 산업 등에 관한 자료를 수집, 관리, 보존, 조사, 연구, 전시, 교육하는 시설을 말한다(제2조)."라고 정의하고 있다.

이와 같이 박물관은 과거와 현재를 아우르는 소장품이라는 실물사료를 제공하는 복합문화예술공간이다. 이러한 박물관의 개념은 현대 사회의 발전에 맞춰 발전한 개념이다.

---

2 양혜원, 「문화복지정책의 사회·경제적 가치 추정과 정책방향」, 한국문화관광연구원, 2012.

고전적인 박물관은 단순하게 수집과 연구를 중심으로 운영되어 왔지만 현재 전시와 교육을 중심으로 새로운 체계를 추구하고 있다. 즉, 21세기 박물관의 페러다임은 유물에서 체험으로, 보존 중심에서 교육 중심으로, 계몽에서 에듀테인먼트로, 공급자 중심에서 이용자 중심으로, 국가 중심에서 지역사회 중심으로, 표준화에서 특성화로, 오프라인 중심에서 오프라인과 온라인의 결합으로, 관료주의에서 경영합리화로, 학예연구원 중심에서 전문인력들의 네트워크 중심으로, 기억의 축적에서 미래의 창조로 변화하고 있다(양현미, 2002).

(2) 박물관의 역할

박물관의 역할은 크게 세 가지로 볼 수 있다.

첫째, 박물관의 사회문화적인 역할이다. 먼저 박물관은 타임캡슐로서 인류문화와 자연에 대한 기록을 가능한 한 원형의 상태로 다음 세대에게 물려주는 문화유산을 전승하는 역할이 있다. 그리고 박물관은 하나의 사회적인 인프라로서 그 건물이나 유적지 자체가 지역(또는 국가)의 유형적 문화자산인 동시에 지역(또는 국가)들에게 강한 정체성을 부여해 주고, 지역주민(또는 국민)들이 살아온 역사적 증거를 제시해 주는 역할을 한다.

둘째, 박물관의 경제적 역할이다. 경제와 문화는 상호의존적이며 상호보완적인 관계에 있다. 문화가 경제 발전에 활력을 주는 순환관계를 갖게 될 때 비로소 균형 있는 사회구조가 가능하다고 볼 수 있다. 오늘날 박물관의 경제효과는 더욱 강조되고 있다. 예를 들면, 문화, 정보, 지식이 사회를 주도해 가는 21세기에 전통의 전승 및 학습, 문화관광 및 문화상품 판매는 지역(또는 국가)문화의 다양성을 이해시키는 문화공간으로서 박물관의 또 다른 역할인 것이다.

셋째, 박물관의 정치적 역할이다. 박물관은 권력이나 정치와는 관련이 없다고 생각할 수 있지만, 박물관이라는 문화현상 이면에는 상당히 정치적인 배경이 작용된다. 특히 우리나라와 같이 단일민족인 경우는 박물관 전시를 통해 지역사회(또는 국가)의 변화와 연속성을 설명하고, 자국의 문화를 홍보함으로써 대내적으로는 국민의 단결을 촉진하고 대외적으로는 국가의 위상과 문화적 정체성을 알릴 수 있다. 이렇듯 '국가의 집합기억 (Collective memory)과 밀접하게 상호 연결되어 있는 제도'라는 관점에서 본다면, 박물관의 정치적 파급효과는 국가권력과 직결되기도 한다.[3]

2) 박물관 문화복지의 필요성

박물관의 기능과 역할 변화로 박물관 문화복지는 이제 박물관의 중요한 기능으로 자리하게 되었다. 소수의 특권층만을 위하여 존재하던 박물관이 아니라 이젠 대중과 함께 즐기기 위한 문화공간을 지향하고 있기 때문에 다채로운 문화적 혜택을 제시할 수 있어야 한다. 또한 지역사회 내에 존재하는 문화시설로서의 박물관은 지역사회와 긴밀한 네트워크의 구축을 통하여 지역문화를 형성하는 문화적 매개체이자 지역의 복합공간으로서의 역할도 담당하게 될 것이다.(이종협·강건희, 2002)

더욱 자세히 정리하면 박물관의 문화복지 필요성은 다음과 같다.

첫째, 다양한 박물관의 기능으로 인한 문화복지가 필요하다. 과거에 존재하지 않았던 문화클러스터, 콘텐츠, 커뮤니케이션, 에듀테인먼트, 휴식, 여가 등의 기능이 등장하면서 문화복지도 하나의 흐름으로 등장하게 된 것이다.

| 현대박물관의 새로운 기능 |

박물관 기능	개념	대상
문화클러스터	동질의 문화자원이 분포되어 있는 넓은 범위의 지역에 문화 클러스터 구축	박물관, 미술관, 문화단체, 지방자치단체 등과 연계
콘텐츠	다양한 문화산업의 지원을 통한 콘텐츠 개발 박물관이용객의 연령, 대상별 콘텐츠 개발	문화산업과 유무형의 자원과 연계된 문화컨텐츠 개발
커뮤니케이션	시민들이 집중적으로 모일 수 있도록 기능을 복합시킨 문화 공간	• 문화 complex • 만남의 장 • 쇼핑몰 등과 결합된 문화 공간

[3] 김헌영, 「문화복지서비스 활성화 방안에 관한 연구 ─박물관의 운영, 구조, 정책 영역을 중심으로─」, 충북대학교 박사학위논문, 2011.

에듀테인먼트	참여자들에게 학습, 교육의 동기를 부여하고, 문화공간으로 쉽게 다가갈 수 있도록 오락기능과 다양한 체험공간을 제공	• 게임, 오락기능 • 3D 체험공간 • 역사, 테마별 체험공간 등과 결합
휴식, 여가	녹색성장과 웰빙시대의 도래는 현대인들에게 건강과 여가에 대한 인식을 새롭게 하였고, 박물관의 문화공간과 여가·휴식공간을 접목하여 일상생활 속의 박물관 구축	광범위한 녹색지대를 공원으로 활용하여 체육시설과 접목하여 휴식, 여가공간과 문화공간의 결합

둘째, 사회문화적 환경변화로 인한 문화복지가 필요하다. 국민들의 소득 및 교육수준이 향상되면서 삶의 질에 대한 관심이 높아지고, 더불어 주5일제가 되면서 여가시간의 효율적인 활용에 대한 관심도 갖게 되었다. 이처럼 사회 구성원들이 여가시간을 자아를 실현하고 이를 재창조하는 시간으로 인식하면서 박물관이라는 문화예술공간은 '여가와 교육을 즐길 수 있는 공간'으로 인식되었다.

셋째, 문화시설로서 문화향유율의 증대를 위해 문화복지가 필요하다. 문화시설의 꾸준한 증가는 전체 문화발전에 어느 정도 긍정적인 면을 가져올 수 있지만 정작 필요한 것은 문화를 제대로 향유할 수 있는 문화복지프로그램의 개발이며 이는 박물관이라는 문화시설에서의 문화복지 필요성과 그 맥을 같이 한다.

3) 해외 박물관 문화복지 사례 분석

해외 박물관의 문화복지 사례를 분석하여 국내 박물관이 추구할 문화복지의 가치와 방향을 세시할 수 있으며, 해외의 사례를 벤치마킹할 수 있다면 새로운 문화복지모델도 마련할 수 있다. 이는 곧 우리나라 박물관의 문화복지 발전에도 크게 이바지할 수 있을 것이다.

| 해외 3대 박물관의 문화복지 현황 |

구분	영국 브리티시 박물관	미국 메트로폴리탄 박물관	프랑스 루브르 박물관
언어	6개국의 언어로 설명 (프랑스, 영어, 일본어)	10개국의 언어로 설명 (영어, 프랑스어, 이탈리아어, 스페인어, 독일어, 일본어 등)	3개국의 언어로 설명 (프랑스어, 영어, 일본어)
온라인	홈페이지를 통해 모든 정보와 판매 (입장권 및 상품) 서비스 제공	홈페이지 'CALENDAR' 서비스를 통한 프로그램 이벤트 검색 활성화 및 현재부터 3년후까지의 행사일정을 확인 할 수 있는 서비스 제공	홈페이지를 통해 모든 정보와 판매 (입장권 및 상품) 서비스 제공
입장료	박물관 입구에 기부금 상자를 설치하고 입장료를 받지 않는다. (그러나 특별전은 별도의 입장료 판매)	기부금형식의 요금제 (기부자는 M자가 적힌 배지 착용)	매주 수·금요일 야간개장 및 입장권 할인 서비스 온라인 예매, 대학생 단체 할인 서비스 국제교사자격증, 건축, 미술 전공자, 18세 미만, 장애인 실직자 등은 무료관람 15시 전후 (15 : 00 이전 7.5유로, 15 : 00시 이후 5유로) 일요일 5유로 등 입장료 차별 책정
관람	전시설명 기기 및 해설안내요원 배치 플래시를 이용한 사진촬영 허용 및 시각장애인을 위한 안내견의 입장 허용 (안내견 입 가리개 지원)	입구에 지도 및 안내책자 배치, 청각보조시스템 및 장애인을 위한 편의시설 지원 디지털 가이드는 뉴욕학교 ID카드 소지자, 중·고등학생, 시각장애인, 청각장애인에 한해서 무료로 대여	전시설명기기 및 공인가이드의 배치

| 기타 | 성인, 가족, 교사, 장애인을 위한 다양한 프로그램, 이벤트 등의 서비스 구성-가족 오디오 투어, 무료 트레일, 책가방, 교사연수프로그램 등 | 모든 짐은 물품보관소에 맡기도록 하여 관람환경을 높이는 서비스 제공 (단, 유모차는 정규관람시간에 허용) | 4세 이상 아동을 위한 워크숍 프로그램, 청각장애인을 위한 수화설명, 시각장애인을 위한 촉감 화랑 등 다양한 프로그램 구성 |

4.박물관의 문화복지 활성화 방안

1) 고객 특성에 맞는 온라인 문화복지 제공

박물관의 가장 이상적인 문화복지는 관람객을 고객으로 인식하고 고객봉사를 가장 큰 책임으로 여기는 마음가짐이며, 자신들이 적절하다고 또는 바람직하다고 생각하는 관람 경험을 관람객에게 강요하지 않을 뿐만 아니라 관람객 연구에 아낌없이 상당한 자원과 시간을 투입하여 그들의 요구사항을 반영한 수준 높은 맞춤형 서비스를 제공하는 것이다.

따라서 박물관의 수집, 보존, 연구, 전시, 교육 등 일괄의 기능을 고객지향적인 차원에서 고객의 이익을 위하여 제공해줘야 한다. 특히 박물관을 편리하게 이용할 수 있도록 모든 차원에서의 열린 박물관을 지향해야만 한다. 이는 테크놀러지의 발달로 박물관 이용의 방법이 혁신적으로 변화하면서 시간과 공간의 제약이 없어지고 다양한 루트를 통해 박물관 이용이 가능하게 되었다. 이미 전 세계적으로 이러한 온라인 박물관 이용자 수는 오프라인 박물관 이용자 수보다 많아지고 있는 실정이다. 온라인 박물관에 접속하는 가장 중요한 목적이 정보수집과 교육이라는 점을 고려할 때 박물관 웹사이트를 보다 적극적으로 교육에 활용하는 방안으로서 e-Learning이 요구되고 있다.(주영주 · 김예정, 2007)

2) 랜드마크를 통한 문화복지

스페인 북부 바스크 지방 중심도시인 빌바오에는 이 도시를 세계적인 도시로 이끌어

낸 구겐하임 현대미술관이 자리 잡고 있다. 빌바오는 1980년대 이전까지 철강과 선박제조로 유명한 도시였다. 그러나 1980년대에 접어들면서 한국과 같은 신흥 산업국에게 철강산업의 주도권을 내주면서 실업이 급증하여 1980년대 말에는 빌바오 주민의 1/4이 실직상태에 빠질 정도로 경제상황이 어려워졌다. 이때 마침 미국에 본사를 두고 있는 구겐하임 미술관이 유럽으로 진출하려는 계획을 가지고 몇 개 도시를 알아보고 있다는 소식을 들은 바스크 지방정부가 구겐하임 측에 건축부지와 건축비를 모두 제공하겠다는 제안을 하여 미술관 유치에 성공하였다. 먹고살기도 어려운 상황에서 엄청난 예산을 들여 미술관을 짓겠다는 생각에 시민 95%가 반대했지만 새로운 비전 제시와 설득 끝에 7년 만인 1997년 1억 달러에 달하는 미술관을 완성하였다. 미국인 건축가 프랭크 게리에 의해 설계된 이 건축물은 물고기 비늘모양의 티타늄 마감의 독특한 형상으로 개관 첫 해부터 100만 명이 넘는 관광객이 빌바오를 찾는 쾌거를 이루었다. 그리하여 개관 3년 만에 건설비를 회수하고 5년 만에 세금을 포함한 모든 투자금이 회수되었다고 한다.

이 건물로 인해 자신을 얻은 빌바오시는 도심재생 프로젝트의 일환으로 다양한 공공 건축물 및 거리디자인에 더욱 힘을 쏟았다. 그리하여 지금은 매년 수백만 명의 관광객들이 찾는 유럽의 대표적인 관광도시로 거듭나게 되었다. 특히, 빌바오 구겐하임 미술관의 경우와 같이 미술관만으로도 문화예술로 도시의 브랜드 가치를 높이고 많은 관광객 유치로 지역경제를 활성화하였으며 시민의 문화복지를 제공한 가장 성공적인 사례임을 보여주고 있다.

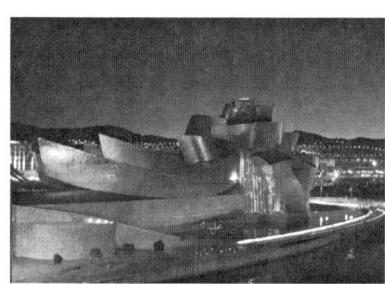

[빌바오 구겐하임미술관]

3) 흥미와 체험 중심의 프로그램 확대

박물관을 방문하는 관람객의 만족도를 높여줌으로써 재방문을 유도하는 한편, 문화복지 혜택을 보다 많은 사람들이 누릴 수 있도록 해야 한다. 이를 위해 다양한 각도에서의 흥미와 체험을 유도할 수 있는 프로그램을 만드는 것이 중요하다. 먼저 국문학, 어학, 역사학, 철학, 연극, 무용, 음악 등 인접학문과의 통합과정을 통해 비슷한 패턴의 프로그램이 아닌 새로운 프로그램을 만들어내는 것이다. 또한 3D입체 전시, 트릭아트 및 블록버스트 특별기획전 등 에듀케이션과 엔터테인먼트가 결합된 에듀테인먼트의 도입도 필요하다. 하지만 아무리 좋은 프로그램이라도 그것을 담을 수 있는 장소가 확보되지 못한다면 무용지물이 될 것이다. 때문에 체험할 수 있는 공간이 예산상 물리적 제약으로 힘들다면 프로그램의 성격에 맞게 박물관의 야외 공간, 인근공원, 식당, 유적지를 활용하여 야외콘서트 및 야외전시를 진행하는 것이다.

4) 재원 확충

현재 우리나라는 해외박물관처럼 사회적 기부금제도가 활성화되지 않아 재정의 확충이 한계에 놓여 있다. 경영주체에 따라 가장 힘든 박물관은 사립박물관으로 예산지원이 거의 없고, 지원형식이 다원화되어 있으며 지원규모도 불규칙하기 때문에 많은 어려움에 봉착되어 있다. 박물관은 공공서비스를 제공하는 비영리적 성격을 띠고 있는 평생교육시설이자 문화기반 시설이므로 수익성을 전제하기는 어려움이 많으며 사립박물관이라 하더라도 사회교육적 공익기능을 감안하여 어느 정도의 정책적 재정지원이 따라야 한다.

따라서 재원확충을 통해 박물관에서의 문화복지를 활성화할 수 있도록 해야 한다. 이를 위해 소외계층을 위한 문화바우처4 재원을 늘려 저소득층의 문화적 향유를 확대해야

---

4 경제적 여건 등으로 문화예술 활동에 제약을 받고 있는 저소득층의 문화향수기회 확대를 위하여 공연, 전시 등 문화예술 관람 비용을 지원하는 사업으로 2005년 문화관광부가 국고 4억 원을 투입하여 시범사업으로 최초로 시행하였다가 2006년 26억원(국고 20억, 기금6억), 2007년 20억원(기금), 2008년 27억원(기금), 2009년 40억원(기금)이 지원되었다.

한다. 문화바우처 사업은 최근 지원 예산규모가 꾸준히 늘고 있으나 소외계층에 대한 문화향수기회 확대를 위해서는 중앙정부의 기금 외에 지자체의 예산방영이 추가되어야 한다.

5) 정책적 지원 강화

박물관의 정체성 확보를 통해 박물관이 국민과 친숙한 생활 속 공간임을 인식할 수 있도록 유도하는 한편 삶의 질 향상을 위해 문화공간의 역할을 할 수 있도록 체계적이며 전략적인 정책적 접근이 필요한 시점이다.

첫째, 고객감동을 위한 서비스를 제공한다. 최근 정부에서는 행정기관 민원서비스 통합에 따라 기존의 '전자민원'과 '국민제안'을 '국민신문고(www.epeople.go.kr)'에서 통합하여 관리하고, 서식민원은 '민원24(www.minwon.go.kr)'를 통해 관리하도록 개선하여 민원처리 선진화를 위해 노력하고 있다. 이에 박물관도 고객의 단순 관람 불편 및 불친절 신고 등의 고객 소리를 고객서비스 개선에 반영하여 '고객만족'을 넘어 '고객감동'으로 변화할 수 있는 통일된 민원서비스제도를 구축해야 한다.

둘째, 박물관의 독립성을 유지해주어야 한다. 해외 박물관의 경우 전원 또는 대다수가 독립법인의 지위를 갖고 있는 비공무원이다. 이러한 독립성 제고를 통해 민간 경영기법과 마케팅의 도입 그리고 독자적이며 창조적인 프로그램 개발을 통해 생동감 넘치는 박물관을 만들고 있기 때문에 향후 국내 박물관들도 이처럼 독립성을 유지할 수 있도록 해줘야 한다.

이와 같은 박물관의 정책적 제도의 마련을 통해 문화복지를 실현할 수 있을 것이다.

5. 맺는말

문화도시는 모든 사람의 삶에 윤기를 더해 준다. 지역민에게는 삶의 활력과 위안을 주고, 방문객에게는 멋과 깊은 감동을 주며, 청소년에게는 꿈과 희망을 준다. 또한 예술인들에게는 새로운 인스피레이션(inspiration)을 주고, 그 지역의 고유한 역사문화가 지역발전의 원동력이 되기도 하며, 역사성과 정체성을 가져다주기도 한다. 그래서 지역마다, 나라마다 문화도시를 구축하기 위해 여념이 없는 것이다. 특히 주5일 근무가 확대되면서 문화는 그 도시의 성장을 가늠하는 잣대가 되고 있으며, 문화적인 삶으로의 대전환을 요구하고 있다. 21세기를 문화의 시대라고 일컫고 지역마다 문화산업을 육성하고 다양한 문화정책을 발굴 시행하는 것노 이와 무관하지 않다.

박물관 역시 선진국에서는 눈으로 보고 귀로 듣는 시청각 시대의 박물관을 지나 직접 손으로 만져보고 온 몸으로 느끼는 감성의 박물관으로 발전하고 있다. 국가와 그 지역이 가지고 있는 고유한 전통과 가치를 최고의 감각으로 상품화하는 문화산업의 시대를 맞아 박물관의 역할과 사회적 기능도 그 어느 때보다 중요시되고 있으며, 하이터치 문화를 선도하는 중심에까지 서게 된 것이다.

이렇듯 전 세계적으로 국민들의 생활수준이 향상되고 생활양식이 변화됨에 따라 삶을 질적으로 향유하려는 문화적 욕구에 대한 복지의 기대도 그만큼 증가하였다.

이와 더불어 21세기 문화시대에 박물관이 풀어야 할 최대 과제는 박물관이 대중을 위해 존재하며, 그들의 요구사항에 구체적으로 부응할 수 있도록 스스로 개발하고 발전하여야 한다는 것이다. 그러나 현실은 국공립을 제외한 대다수의 사립 기관들은 한정된 재원과 사재의 한계를 느껴 상당 부분이 본래의 목적을 수행하기에는 너무나 열악한 환경에 머물고 있다. 또한 경영상의 어려움을 개선하기 위한 방안으로 제시되는 면이 많겠지만 입장료 수입이나 아트샵, 부대사업에만 치중하면서 핵심적인 소장, 전시, 연구, 교육 등의 업무는 등한시 하는 사례가 발생하고 있다. 이러한 추세는 이미 사회 전반의 경향이기는 하지만 박물관이 각 지역의 문화와 역사, 학술과 예술의 생생한 체험장이자 문화복지의 중추적인 시설이라는 점을 감안한다면 이에 대한 공공적 역할을 위한 문화복지의 노력이 보완되어야 할 부분이 있다.

사실 21세기에 들어와서 우리나라 박물관계는 많은 변화를 겪었다. 전 세계의 문화예술 및 박물관 소식을 전하는 영국의 일간지 〈예술신문(Art Newspaper)〉의 발표에 따르면, 2009년 국립중앙박물관이 방문객 수로는 세계 10위권 안에 드는 것으로 나타났다. 이는 아시아권에서 최다 방문객 수로서, 아시아 최대라는 박물관의 위상에 걸 맞는 규모라 하겠다. 하지만 현실은 아직도 박물관을 어렵게 생각하는 사람이 많다. 늘어나는 숫자에 비해 아직 여러 모로 열악하여 상설전시로만 명맥을 유지하는 박물관도 많고 훌륭한 주제로 전시를 개최하지만 관람객이 적어서 적자를 면치 못하는 박물관도 있다. 관광코스의 하나로 수학여행의 일환으로 찾아온 관람객으로 북적대는 박물관도 좋지만, 장래 박물관을 미래를 책임질 예비 전문가들이 수시로 드나들며 꿈을 키울 수 있는 박물관이 되려면 최대 관람객 수에 연연해서는 안 될 것이다. 그리고 방문객 수가 아니라, 하나의 전시만으로 세계 최고의 수준이 되려면 외국의 블록버스터급 전시 유치에만 급급해서도 안 될 것이다. 앞으로 박물관은 수준 있는 전시기획과 현실적인 행정정책을 통해 일반 시민들에게 생생한 문화, 역사, 학술, 예술 전 분야에 대한 현장 교육을 가능케 할 수 있는 중요한 공교육의 파트너이자 문화복지기관으로서의 시너지 효과를 거둘 수 있을 것으로 판단된다.

마지막으로 본고에서는 박물관의 역할과 기능은 지속적으로 유기적인 변화를 거듭하고 있음에 따라 이에 부응하는 문화복지의 질적 변화와 다양함이 필요하며 삶의 질 향상에 따른 현대적인 박물관의 생활친화형 문화공간으로서의 문화복지를 실현시키는 생활 속 공간으로 자리매김해 나가야 할 것이다.

▥ 참고문헌

- 네이버 지식백과

- 양혜원, 「문화복지정책의 사회 · 경제적 가치 추정과 정책방향」, 한국문화관광연구원, 2012.

- 김헌영, 「문화복지서비스 활성화 방안에 관한 연구−박물관의 운영, 구조, 정책 영역을 중심으로−」,
  충북대학교 박사학위논문, 2011.

- 강병우, 「국 · 공립박물관 운영관리의 활성화 방안 연구」, 서울시립대학교 석사학위논문, 1999.

- 조형식, 「지역사회 박물관의 사회적 역할의 확대 방안 연구」, 한양대학교 석사학위논문, 2001.

- 현택수, 「문화복지와 문화복지정책의 개념에 관한 연구」, 『사회복지정책』26, 한국사회복지정책연
  구원, 2006.

제3부

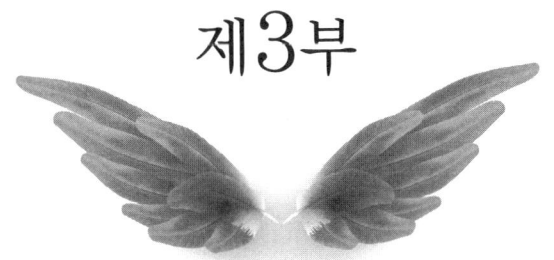

박물관 부설 노인체육 복지 서비스의 필요성에 관한 연구

한종훈[1]

・

・

・

1. 머리말

1) 연구의 필요성

고도화된 산업사회의 도래로 인한 과학기술의 발전은 의료산업의 발달로 이어지게 되었고 이에 따라서 질병의 극복, 생활수준의 향상으로 평균수명이 연장되고 인구의 고령화 현상이 나타나게 되었다(원영신, 2007). 이에 우리나라는 2019년에는 노인인구가 전체의 14.4%로 고령화 사회에 진입하고, 2026년에는 20.0%로 초고령화 사회에 도달할 전망이다. 각 나라의 고령사회 진입 소요 연수를 살펴보면 한국 19년, 일본 24년, 미국 71년, 프랑스가 115년으로 우리나라는 고령사회 진입 속도에서 세계적으로 가장 빠른 수준을 나타내고 있으며(이미숙, 2004), 이와 같은 현상은 세계에서 유례를 찾아보기 힘들 정도의 빠른 속도이다.

급속한 노인인구의 증가로 인한 사회의 고령화 현상은 사회적 문제로 등장하여, 사회적 노인복지정책이나 대안을 요구할 것으로 예측되며, 특히 노인사회복지정책 중 노인경제활동, 노인부양, 노인건강 등은 다른 정책보다도 먼저 해결해야 할 중요한 사인이 될 것이다.

---

1 참교육유아체육교육원 대표, 동아대학교 이학박사

특히 노인건강문제는 노인들로 하여금 자립적이며, 독립적인 생활을 할 수 있게 하는 중요한 '삶의 질 실현'의 문제와 직결되는 부분이다(위성식, 설민신, 2005).

통계청 자료에 의하면 65세 이상 연령계층의 가장 어려운 점은 건강문제가 41.5%로 가장 높았고, 경제적 어려움이 33.9%, 외로움과 소외감이 8.5% 순으로 나타나 노인건강문제가 점점 심각해지고 있는 실정이다(통계청, 2011).

하지만 이런 문제점을 더욱 악화시키는 이유로는 대부분의 노인들이 여가시간을 유용하게 보내기 위한 교육을 받지 못했을 뿐만 아니라, 여가를 즐길 경험도 없이 지내왔으므로 노년기에 들어 새로운 여가활동에 참여하는 문제에 어려움이 있기 때문이다. 또한 우리 사회에서는 노인여가 시설이 부족하고 노인의 욕구에 맞는 프로그램 또한 미비한 실정이며, 더욱이 경제 사정이 좋지 않은 대부분의 저소득층 노인에게는 여가활동이 주체할 수 없는 커다란 문제점으로 지적되고 있다(길행선, 2002).

이에 정부는 여러 노인복지시설을 통해 노인들을 위한 서비스를 제공하고 있는데, 복지시설은 설치목적과 입소대상자에 따라 노인주거 복지시설, 노인의료 복지시설, 노인여가 복지시설, 재가노인 복지시설로 구분되어 노인들에게 적합하고 다양한 서비스를 체계적으로 제공하고 있다.

노인들은 이러한 시설을 이용하면서 다양한 프로그램에 참여하게 되는데 그 중 체육활동 프로그램의 이용 빈도는 40.6%로 다른 프로그램보다 높았다. 또한 체육활동 프로그램을 통해 '건강이 좋아졌다', '나이보다 젊어 보인다', '오래 살 것 같다' 등 여러 가지 긍정적인 반응을 나타냈다(송정희, 2005).

이런 의미에서 노인복지시설 및 스포츠센터의 노인층 프로그램 중 체육활동 프로그램이 중요한 역할을 하고 있으며, 노인들의 체육활동 참여욕구가 높아지고 있는 현실에서 앞으로는 전문적인 노인체육지도자의 양성이 절실히 필요하다. 이에 노인체육의 수요와 공급은 높아질 것이다. 따라서 노인체육 지도자들의 역할은 더욱 광범위해질 것이며, 종합적인 노인복지서비스를 제공하여 앞으로 찾아올 고령화 사회에서 그 책임과 사명을 다해야 할 것이다.

위와 같이 본 연구는 노인체육복지의 필요성을 이야기할 것이며, 또한 사회적으로 고민을 안고 있는 불안정한 노인의 심리적 특성을 체육활동을 통하여 해결하고자 하는 방안을 모색하고자 한다. 그리고 많은 사회단체의 프로그램 중 박물관 내 부설로 이루어지는 노인체육복지의 필요성도 고찰해 보고자 한다.

2) 연구의 목적

고령화 사회에서 노인체육복지의 필요성과 중요성을 파악하고, 사회 및 신체적 목적과 효과에 대해서도 알아볼 것이다. 또한 2000년 이후로 급격히 증가하고 있는 노인 범죄의 심각성을 이해하고 그 대비책 중 하나인 노인체육복지의 역할에 대해서도 구체적인 정보를 제공한다는 실용적 가치가 있을 것이다.

2. 이론적 배경

1) 노인의 개념

노인에 대한 개념은 한 국가나 사회의 경제적·문화적 배경과 관습은 물론 그 시대의 정치, 경제, 사회, 문화적 배경과 여건의 차이가 있다. 노화과정은 정신연령과 생리적 연령이 개인에 따라 달라 역연령과 생리적 연령이 일치하지 않는 노인에 대한 개념규정은 그렇게 단순한 일은 아니다(안나영, 2002). 그러나 노인의 개념에 대한 학자들의 견해를 소개한 후 보편적이고 공통적인 개념을 종합하여 정의하고자 한다.

1951년 미국의 세인트 루이스에서 열렸던 제2회 국제 노인학회에서는 노인을 ① 환경변화에 적절히 적응할 수 있는 자체조직에서 결격을 가진 사람 ② 생활 자체가 자신을 통합하려는 능력이 감퇴되어 가는 시기에 있는 사람 ③ 인체의 기관, 조직기능 등에 있어서 감퇴현상이 일어나는 시기에 있는 사람 ④ 생활 자체의 적응이 정신적으로 결여되어 가고 있는 사람 ⑤ 인체의 조직 및 기능 축적의 감소로 적응 감퇴현상이 있는 사람으로 정의하고 있다(최순남, 1990).

장인협·최성재(2010)는 노인을 정의하면서 ① 생리적 및 생물학적인 면에서 퇴화기에 있는 사람 ② 심리적인면에서 정신기능과 성격이 변화되고 있는 사람 ③ 사회적인 면에서 지위와 역할이 상실되는 사람으로 보고 있다. 또한 노인이란 인간의 노령화 과정에서 나타나는 생리적, 육체적, 심리적, 정서적, 환경적 및 행동의 변화가 상호작용하는 복합형태의 과정에 있는 사람이라고 정의한 바 있다.

이상과 같은 생리적, 심리적, 사회적 연령을 고려하면 서로 일치하지 못하기 때문에 대체로 연령에 의해서 60세 이상을 노인으로 규정하고 있다.

2) 노인의 신체적·생리적 특성

신체의 노화현상은 체세포의 재생감소로 인한 생체실진 세포수의 감소와 세포와 예비능력 저하로 생긴 생리변화이다. 이러한 노화의 결과 노인의 생리기능은 내부 각 기능의 적응력, 저항력, 회복력이 저하되고 외계의 영향에 대한 반응이 지연되며 신체의 감각과 동작관계가 둔화된다. 신체는 저항력의 감퇴로 질병에 걸릴 확률이 높아지고 연쇄반응을 일으켜 합병증을 유발하게 되며 회복하는 능력이 저하되어 재생이 어렵다. 뿐만 아니라 내부환경을 일정하게 유지하는 능력이 손상받게 된다. 또한 심장이 뿜어내는 혈액의 양이 감소하고 박동력도 떨어지며 심장수축의 혈압이 높아지게 되고, 척추 사이에 있는 연골조직들이 얇아지면서 척추가 굽고 압축된다. 또한 칼슘의 고갈에 의해서 뼈가 가벼워지고 그 조직이 성글어진다. 근육은 위축되어 있을 뿐만 아니라 근섬유의 총량도 놀랄 만큼 감소하여 탄력성과 수축, 이완능력이 현저히 저하되고 힘과 크기도 작아져 통증 및 상해와 운동제한을 받기 쉽다. 신경계는 자극에 대한 반응이 늦어진다. 이외에도 위액의 분비감소 및 신장의 여과율 저하, 생식기관의 퇴화, 시력·청력의 저하 등 외적·

내적인 변화를 격게 된다(박정수, 1994).

3) 노인의 심리적 특성

노년기는 생의 마지막 단계로 신체 조직의 뚜렷한 기능 저하와 자아 적응의 저하가 두드러지며 완숙기 또는 절망의 시기, 쇠퇴기라고 부르기도 한다. 이들의 공통된 욕구는 경제적인 노후생활에 대한 보장, 가정과 사회에서 연장자로서의 지위 유지, 가장, 친척, 친구, 이웃 등과의 원만한 접촉, 적절한 여가생활의 추구 등으로 모든 기본적인 욕구가 더욱 강하게 느껴지는 시기이다(김광수, 2012).

Calvin은 노인의 심리적 특징으로 경제적인 불안감, 생활 부적응에서 오는 불안과 초조감, 정신적 흥미의 감퇴에서 오는 내폐성, 육체적인 쾌락추구, 활동성의 감소, 성적 충동의 감퇴, 새로운 상황에 대한 학습이나 적응의 곤란, 고독감, 질투심, 보수적, 대변, 우둔, 과거에 대한 집착, 회고, 누추함 등을 제시하였다. 또한 노인은 다른 연령과는 다른 특유한 사회심리적 · 신체적 욕구를 가지고 있는데, Simmons는 가능한 오래 살고 싶은 욕구, 집단 활동에 계속해서 적극적으로 참여하고 싶은 욕구, 자신이 갖고 있는 특권인 소유물, 권리, 권위, 위신 등을 보호하고자 하는 욕구, 죽음을 위엄과 편안으로 맞고자 하는 욕구 등이 있다고 했다. 따라서 노인에게는 안정의 욕구, 승인욕구, 지식욕구, 애정욕구, 생존욕구 등이 있다고 할 수 있다(윤진, 2012).

그러나 이러한 욕구와는 달리 노인에 대한 사회적 평가나 현실은 부정적이다. 즉 사회로부터 오는 소외감과 이탈감, 신체적, 기능적, 정신적으로 오는 능력 저하로 인한 불안 심리를 부추기는 사회적 분위기와 사회적, 가정적 지위 상실로부터 오는 심리적 소외감과 기회상실 등 욕구 충족의 결여로 인하여 경제적 빈곤, 건강의 악화, 역할의 상실, 소외된 고독감 등의 문제에 당면하고 있다.

4) 노인의 사회적 특성

노인은 자신의 사고방식과 지식, 지위가 사회적으로 주요한 부분을 차지하고 있던 시기에서 세대교체나 은퇴 등으로 물러나게 되며 가정구조나 사회적 기대의 변화와 같은 인생의 큰 변화를 경험하게 된다. 이러한 변화는 적응력이 낮은 노인에게 심한 갈등과 정신적 고통을 주며 전통적인 규범과 관습, 문화 사이에서 큰 혼란을 겪게 된다. T.S.Holmes에 의하면 즐겁든 그렇지 않든 간에 노인에게 새로운 변화는 긴장감을 주고 더욱 더 질병에 걸리게 노출될 수 있다고 주장했으며 W.D. Rees와 S.G. Lutkines는 55세 이상 홀아비 4,486명을 조사한 결과 그들 중 213명이 부인과 사별한 지 6개월 이내에 사망했음을 알아냈다.

Rosow(1974)는 일반적으로 노인은 그 존재가치가 저하됨에 따라 젊은이로부터 무시당하고 가족이나 친척들의 무관심을 겪게 되며 심지어 노인들 간에도 대수롭지 않은 존재로 여길 뿐만 아니라 고집과 거부성을 띠고 있어 단체활동을 할 경우 다른 단체와의 타협과 수용이 어렵다고 하였다.

5) 고령화 사회의 개념

현대사회의 의학기술 발달은 유아나 어린이의 사망률을 저하시키고 노인들의 건강을 유지시키며, 인간들의 평균수명을 연장시켰다. 또한 공중보건위생의 향상과 생활수준의 향상이 인간들의 영양상태를 호전시켰으며, 교육의 대중화로 교육수준이 향상됨으로써 인간 개개인의 건강에 대한 관심과 위생관념이 높아져 평균수명이 연장되었다. 이러한 평균수명의 증가로 말미암아 전체 인구의 연령구조에서 고령인구가 늘어나고 있다. 일반적으로 노인들이 전체 사회에서 차지하는 비중이 다른 집단보다 상대적으로 높은 사회를 고령화 사회라고 말한다. 즉, 고령과 사회(Aging Society)란 총 인구 대비 고령인구의 비율이 증가하는 상태로서 "인구의 고령화" 또는 "고령화가 진행 중에 있는 사회"를 뜻한다.

한 국가의 고령화를 판단하는 기준은 UN이 정한 기준이 일반적으로 사용된다. 우선 한 국가의 총 인구 중 65세 이상 노인인구 비중이 4% 미만인 국가는 유년인구국, 7%

이상은 노년인구국, 4~7%는 성년인구국으로 분류된다. 노년인구국은 다시 65세 이상 노인인구 비중에 따라 7% 이상인 고령화사회, 14% 이상인 고령사회, 20% 이상인 초고령사회로 분류된다(장인협, 최성재, 2010).

고령화 추세는 세계적이어서 이미 대부분의 선진국은 고령화 사회에 진입하였고 고령사회를 눈앞에 두고 있다. 우리나의 경우 2000년 노인 인구비중이 7.2%(340만 명)로 고령화사회에 진입했으며, 현 추세로 간다면 2018년 노인인구가 716만 명(14.3%)에 달해 고령사회, 2026년에는 노인인구만 1035만 명(20.8%)으로 초고령 사회에 신입할 것으로 예상하고 있어 세계에서 유례 없는 빠른 속도로 우리 사회는 늙어가고 있다.

6) 고령화 사회에서의 노인문제

산업화와 도시화, 그리고 고령화 사회로 특징지어지는 현대사회에서 노인문제는 필연적으로 제기되는 부산물이라고 할 수 있다. 일반적으로 노인문제는 농경사회가 산업사회로 전환되면서 싹트기 시작하였으며 현대의술의 발달로 인간의 평균수명이 연장되면서 노인의 수가 점증함에 따라 심각한 사회문제로 등장하게 되었다. 우리나라도 1960년대 이후로 산업화가 촉진되면서 노인문제가 사회화되기 시작하였다. 특히 최근에는 장수사회의 도래로 인하여 노인문제가 저소득층만이 아니라 중산층 일반 노인에게도 확대대고 있다. 평균수명 증가나 산업화의 급진전 외에도 정년제에 따른 조기 퇴직 경향에 따라 직업 없는 노인층 인구가 급속히 증가하면서 노인복지나 고용의 문제가 사회적 관심사로 부각되고 있다.

3. 결론

1) 노인체육 복지의 필요성

우리나라 전체 인구대비 60세 이상 노인인구는 1960년대 4.3%이었던 것이 1990년에는

7.7%, 2000년에는 10.7%, 2010년에는 13.7%, 2020년에는 19.5%로서 빠르게 증가하고 있어 고령사회 진입에 대비한 다양한 노인대책이 요구되고 있다(통계청, 2002).

노인인구의 증가는 노인의 역할 상실과 부양·보호문제, 여가시간의 활용, 노인건강 문제, 사회·심리적 고립과 소외, 국가 경제 등 제반 사회문제를 수반한다. 따라서 이러한 문제를 해결하고 노인의 복지를 향상시키기 위한 다양한 정책이 가시화되고 있다. 실제로 고령화 사회에 진입한 2000년을 기점으로 노인체육진흥을 위한 정책이 전면에 부각되고, 2002년 체육 분야를 포함한 "고령사회에 대비한 노인보건복지종합대책"이 국무조정실 노인보건복지대책위원회에서 제시된 것에서도 알 수 있다. 그러나 아직까지 노인의 삶의 질을 향상시키기 위한 노인정책은 부족한 실정이며, 여가시간이 생활의 전체라 할 수 있는 노인들의 여가 관련 대책과 여가활용의 주요영역인 체육정책 또한 부족한 실정이다. 특히 평균수명 연장에 비해 건강수명이 단축되면서 체육활동을 통한 건강수명 연장이 사회의 중요한 관심사로 부각되었다. 이는 성공적 노후생활과 노인복지 향상 측면에서 노인체육정책이 무게를 갖게 되었음을 의미한다.

성공적 노후생활에 있어 건강의 중요성은 기존의 연구결과들을 통해서 검증되고 있다. 실례로 미국에서 10여년에 걸쳐 성공적 노후에 관한 연구를 수행한 맥아더 재단의 연구결과에 의하면, 성공적 노화를 위해서는 적당한 운동과 식사조절 등으로 질병과 장애를 피하고, 높은 수준의 정신적 및 신체적 기능을 유지하며, 활기찬 생활을 통해 의미 있는 삶을 영위하는 것(Rowe & Kahn, 1998) 등이 중요하다고 보고하고 있다. 이외에도 성공적 노화를 위해 유연성이 중요하다는 것을 강조하면서, 적절한 체육활동 프로그램을 통해 자기관리와 사회적 행동, 그리고 지각된 통제능력 등에 도움이 되는 유연성을 향상시키고 이를 통해 노화를 지연하고 예방하는 것이 필요하다고 주장하고 있다. 이러한 결과는 체육활동을 통한 심신의 건강 유지가 성공적 노후생활의 중요 요소임을 보여주고 있다.

이와 같이 노인의 체육활동은 심신의 건강 유지를 통한 성공적 노후생활뿐 아니라 고령화 사회에서 빠른 속도로 증가하고 있는 노인 의료비 증가 문제에 대한 해결책으로서도 중요한 의미를 갖는다. 이러한 사실은 체육활동에 1불을 투자할 경우 3불의 의료비 절감 효과가 있다(Kidd. 1999)는 선행 연구결과에 의해 뒷받침되고 있다.

문화관광부(2000)의 국민 생활체육활동 참여 실태조사에 따르면, 60세 이상 노인의 평균 여가시간은 5시간 27분으로 30대에 비해 거의 2배 가까이(1.7~1.8배) 많은 것으로 나타났다. 그러나 이렇게 많은 여가시간을 가지고 있지만 그 시간의 소비 유형은 매우 소극적 형태를 보여주는 것으로 나타나고 있다. 증가된 여가시간을 집에서 TV를 보거나 쉬거나 낮잠을 자는 것으로 보내고 있으며, 운동이나 문화활동 참여는 극히 미진한 편이어서 체육활동 등을 통한 적극적 여가소비정책이 요구되고 있다.

2) 노인체육복지의 중요성

노인들에게 있어서의 신체활동은 삶의 보람을 가지게 하는 것이며 중요한 생활의 의의를 지니고 있다. 청장년기에 꾸준하게 운동을 하여 체력을 관리 유지하던 사람일지라도 계속해서 운동을 실시하지 않으면 신체의 여러 기능에 불균형을 일으켜 건강을 해칠 수 있으나, 적합한 운동을 계속하게 되면 신체의 각 기능을 원활하게 하여 노화를 방지하면 건강한 생활을 유지할 수 있다.

이러한 관점에서 볼 때, 노인기의 체육활동은 건강의 유지와 적극적인 사회활동의 영위를 위해서 그 중요성이 대단히 크다고 할 수 있다. 그러므로 노년기에는 예방적 차원에서의 사회체육 및 생활체육의 다양한 활동들이 시급하다.

노인의 체육활동은 노년기의 생활에 활력소가 되는 것이며 노인들이 건강을 유지하는 데 필요한 영양소와 같은 것이고, 신체활동이 없는 노인의 육체적 · 정신적으로 노화 및 쇠퇴가 빨라지게 되는 것이다. 고령화 사회에서 주된 관심은 노인의 건강유지 및 체력관리이다. 따라서 노년기의 체력관리와 건강을 위하여 적절한 체육활동과 레크리에이션의 중요성이 부각되고 있다.

그러나 체육활동이 반드시 생을 연장시키는 것이 아니다. 좋은 느낌을 가지고 살아가는 시간을 보다 많이 확보하는 것이 중요하다.

드 브리스(de Vries, 1975)는 건강으로 이어지는 중요한 모든 요소들은 우리 자신의 조절 하에 있으며, 우리는 그 책임을 받아들여야 한다고 언급하였다. 또한 노인의 체력향상 으로부터 발원됨직한 여러 가지 이점이라는 점에서 운동, 영양, 스트레스의 이완 및 해소의 절차에 관한 프로그램을 진행하는 것부터 시작하는 것이 바람직하다고 한다.

3) 노인체육복지의 목적

(1) 사회적 목적

① 생활운동과 신체활동을 통하여 일상적인 생활에서 재미와 흥미를 발견하게 하여, 노년기의 삶에 의미를 다시 부여한다.

② 다양한 체육활동은 곧 사회참여의 기초를 제공하므로 사회구성원으로의 기회를 다시 제공한다.

③ 노인의 신체활동에 대한 욕구를 증대시키고 개선하여 그 욕구를 만족시킬 수 있는 능력을 발달시킨다.

④ 노년기의 아름다운 정신과 건전한 사회적 성격을 유지시켜 준다.

(2) 신체적 목적

① 골 질량 및 골 밀도가 감소하여 청년이나 중년에 비해 골절되기 쉬우므로, 다양한 운동을 통하여 일상적인 골절상해를 예방한다.

② 결합조직의 밀도가 높고 인대와 건의 탄성이 적을 뿐 아니라 관절의 가동 범위가 현저하게 감소하므로 정기적인 스트래칭 운동을 통하여 유연한 신체를 유지키켜 준다.

③ 근 질량이 감소되고 신경계 기능의 퇴화로 자극에 대한 반응과 반사 시간이 느리므로, 유산소운동을 통하여 근력 및 순발력을 향상시켜준다.

4) 노인의 체육활동 효과

일반적으로 체육활동은 ① 건강증진, ② 사기와 생활만족감 증진, ③ 신체적 및 정신적 자신감 증진, ④ 사회적 접촉과 사귐의 기회 증진 등의 측면에서 의의가 있다. 이는 다른 연령대와 달리 신체, 심리, 사회적으로 많은 문제점을 안고 있는 노인들에게 더 많은 효과를 줄 수 있음을 의미한다. 따라서 여기에서는 노인의 생리적·심리적·사회적 변화에 따른 체육활동 효과에 대해 구체적으로 살펴보고자 한다.

(1) 생리적 변화와 체육활동 효과

노인기에 접어들면서 신체활동과 관련하여 나타나는 생리적 변화는 운동수행능력의 감소, 산소섭취량 및 운반량의 감소, 근육힘의 약화현상 등이다. 운동수행능력의 감소는 유산소성 능력과 무산소성 능력에서 나타나는데, 유산소성 능력은 20대에서 50대까지 나이가 한 살씩 늘어감에 따라 1.2%씩 감소하게 된다. 또한 무산소성 능력이라 할 수 있는 스프린트 스피드는 25세 사람이 65세에 이르면 평균적으로 약 45%가 감소한다. 산소섭취량도 연령이 증가함에 따라 감소하게 되는데 남자들의 경우 최대산소섭취량이 최대인 20대 초반 이후 해마다 약 0.8~1.1% 감소하고, 여자이 경우 0.45~0.95%씩 감소한다. 연령 증가에 따라 최대산소섭취량이 감소하게 되고, 이에 따라 운동수행능력의 감소도 진행된다. 일반적으로 근육의 힘은 45세 전후까지 비교적 잘 유지되지만 이후부터 감소하기 시작하여 65세쯤 되면, 남자의 경우 20%, 여자의 경우 10% 정도 감소한다. 일부 여성의 경우 지구력은 60세 정도가 되어도 상당 수준 유지가 되지만 대부분의 사람들에게 있어 근육의 힘과 뼈의 기능, 관절의 유연성 등이 감소하게 되어 운동에 따른 부상 위험도 증가하게 된다.

노령화에 따른 신체의 생리적 변화, 즉 생리적 기능의 약화는 운동을 통해 지연될 수 있으며, 또한 감소된 기능이 회복될 수 있다. 적정 수준의 지속적 운동은 수축기 혈압을 20mmHg 정도 낮추며, HDL 콜레스트롤을 증가시키고, 근육의 유산소활동과 글라이

코겐을 증가시키게 된다(Shcphard, 1997). 무산소성 능력도 꾸준한 운동을 통해 증가될 수 있다. 연령 증가에 따라 감소된 근육의 힘도 운동을 통해 상당부분 회복된다. 또한 운동은 유산소성 능력을 증가시키며, 그 결과는 체지방의 감소와 근육의 증가로 나타난다. 한 연구에서 1년간 유산소 운동에 참여한 노인들이 평균 3.3mm 체지방 두께가 감소한 것으로 나타났으며, 노인체육대회 참여자들의 체지방률이 11.14%에 불과함은 이러한 꾸준한 운동의 효과가 노인에게도 충분히 나타나고 있음을 보여준다(Sidney, Shephard & Harrison, 1977). 한편 운동 강도가 지나치고, 신체 에너지를 반복적으로 많이 소모할 경우 세포의 노령화를 촉진시킬 수 있고 근골격계의 부상 위험도 있어, 적절한 수준의 꾸준한 운동이 긍정적 효과를 나타나게 한다.

(2) 심리적 변화와 체육활동 효과

노인기에 접어들면서 나타나는 심리적 특성은 신체적 능력의 감퇴, 건강의 약화, 사회적 지위의 약화 등에서 야기되는데, 불안감 증대, 정서적·신체적 욕구 감소, 고독감 증대 등으로 나타난다. 특히 사회·경제적 지위의 상실과 약화 그리고 신체적 기능의 저하 등에 따라 불안감과 초조함이 증가하게 되고, 생리적 기능의 약화에 따른 욕구감소로 의욕적 생활이 어렵게 된다. 그리고 가족 구성원으로서, 또는 사회 구성원으로서의 역할이 약화되고, 사회적 네트워크도 크게 축소되며, 급격한 사회변화에 적응하지 못하게 되어 고립된 존재로서 외로움도 크게 증가하게 된다.

노인의 체육활동은 그들의 이러한 심리적 "곤경"에서 벗어나게 하는 주요 삶의 방식이 된다. 노인의 체육활동 참여 동기에 관한 조사에서 남자의 경우 "건강유지 및 증진", "성취", "만남", "사회활동 일환" 순으로, 여자의 경우 "사회활동 일환", "만남", "적정한 외모유지", "성취" 순으로 나타났는데(Heitmann, 1984), 이는 체육활동이 생리적·사회적 측면은 물론 심리적 측면에서 효과가 있음을 보여주는 것이다. 즉 "건강유지 및 증진", "적정한 외모유지", "성취" 등의 동기는 불안감을 해소하고 자신감을 회복하고 형성하는 데 크게 기여하게 된다. 운동을 통해 생리적 기능을 회복할 경우 건강에 대한 만족감을 크게 향상시키고 자신감까지도 불러일으키게 된다. 혈압이 낮아지고, 심폐기능이 양호한 상태로 유지되고, 식욕이 회복되는 운동의 효과로 인해 건강에 대한 심리적 불안을 불식시키고, 저하된 정서적 욕구와 신체적 욕구를 크게 자극하기도 한다.

한편 체육활동, 특히 시설의 운동 프로그램에 참여하거나 체육동호인에 가입하여 운동하게 되는 경우, 또는 팀스포츠에 참여하게 되는 "조직화된 운동"의 참여자는 하나의 "사회활동 일환"이자 "만남"이 이루어지는 장이 된다. 그래서 다양한 영역에서 단설되었던 네트워크가 체육활동의 영역에서는 유지되거나 새로이 생성되어 고립된 존재로서 느끼는 외로움도 크게 불식시키게 된다. 또한 활력있는 삶이 크게 고무되고 다양한 여가체육활동을 통해 생활 만족감도 크게 향상될 수 있다. 체육활동에 규칙적으로 참여하는 것은 노인의 인지과정과 정서적 건강에도 매우 긍정적이다. 스포츠 참여를 통해 대인관계를 지속시키고, 학습을 하고, 기술을 배우며, 스트레스를 푸는 과정은 노인의 심리적 안정과 만족에 기여하게 된다.

(3) 사회적 변화와 체육활동 효과

노년기의 삶은 "사회적" 공간에서 "가족적" 공간으로, 그리고 "자신들만의 공간"으로 이동하여 직장과 자녀양육으로부터 벗어나 일상생활의 대부분을 개인적인 여가시간으로 보낸다. 따라서 사회적 관계망은 크게 단순해지거나 고립되고, 경제적 지위 또한 약화되어 많은 노인들이 빈곤의 위협에 처하게 된다. 노인에 대한 공경과 사회복지가 강조되지만 사회의 주류세력에서 밀려나 한계인으로 간주되며, 급변하는 사회질서와 문화에 부적응하여 소외된 존재로 간주된다(김동배, 2011). 이러한 노인의 사회적 역할 상실, 사회적 관계망 축소 및 단절은 그들에게 "새로운 사회적 역할의 부여"와 "네트워크의 연결"이란 정책을 필요로 하게 되는데, 노인의 체육활동 참여 증진이 중요한 대안이 될 수 있다.

노인의 체육활동 참여 증진은 단지 개인적으로 시간을 유용하게 보내는 것 이외에,

권리주체로서 노인에 대한 인식에서 새로운 사회적 역할을 제시하는 것이 중요하다(김동배, 2011). 즉 조직화된 스포츠 참여를 통해, 동호인 조직에서 자원봉사와 리더 등의 일정한 역할을 수행하고, 팀스포츠에서도 적절한 역할을 하게 되는 역할수행이 새로이 이루어지는 것이다. 또한 기본 기술을 습득하고 관련 정보를 습득하는 학습과정도 체육활동에서 이루어지는데, 이러한 과정을 통해서 자신의 정체성에 대한 긍정적 인식을 형성하여 적극적이며 활발한 역할을 추구하게 되기도 한다. 특히 조직화된 스포츠의 참여는 집단여가 활동의 장이 되어 노인복지의 중요한 역할을 하게 된다. 다양한 구성원과 동반자 관계를 형성하여 서로 격려하고 사기를 북돋우며, 노인 하위문화에서 소속감과 심리적 안정을 얻을 수 있게 한다.

노인의 체육활동 참여 의의를 사회적 맥락에서 "사회적 역할 수행"과 "삶의 공간 영역의 확대", "노인 공동체 및 하위문화 형성"으로 요약할 수 있다. 노인의 사회적 존재 의의와 의미를 강화하는 스포츠 장에서의 역할 수행은 인구 가운데 상당 비율을 차지하는 노인에 대한 인적 자원 개발이자 동원이 될 수 있다. 고령화 사회에서 증가하는 노인에 대한 적절한 역할 부여가 체육활동 특히 조직화된 체육활동을 통해 이루어지게 된다. 그리고 삶의 공간 영역이 가정을 벗어나 체육활동 공간으로 확대되는 것은 노인의 사회적 네트워크를 확대하는 것이 되고 일정한 사회적 힘을 형성하는 기초가 된다. 주류사회의 주변인 또는 한계인으로 더욱 소외되는 노인에게 있어 새로운 관계망 형성은 다양한 집단 간의 경쟁과 교섭, 타협이 존재하는 현대사회에서 노인의 정치적 힘의 기초를 제공하게 된다. 체육활동 공간을 통해 노인들 간의 공동체 형성과 하위문화적 표현도 주류문화로부터 소외에서 벗어나, 의미 있는 노인문화로서 정체성을 얻게 되는 과정이 되고 노인의 소외와 고독의 문제를 크게 불식시키는 과정이 된다.

노년기의 이러한 체육활동 효과를 고려할 때 증가된 여가시간을 체육활동을 통해 적극적으로 향유할 수 있도록 하는 종합적인 노인체육진흥정책 마련이 필요하다 하겠다.

4. 제언

지금까지 살펴본 바와 같이 노인체육복지는 노인의 개인적 부분뿐만 아니라 사회적 현상에서도 아주 중요한 복지부분이라 정의할 수 있을 것이다. 개인적 부분만 본다면 신체적 활동을 통한 건강한 노후생활이 주된 목적이지만, 사회적 측면에서는 고령화 사회의 심각한 문제 및 범죄들을 예방하는 차원에서 더욱 가치가 높다 할 수 있겠다.

노화라는 심리적 특성상 충동조절이 어려워지고 또 충동을 지연하는 것도 어려워지는데, 노화가 됨으로써 일어나는 변화가 맞물려서 반사회적 성격의 특징들이 극단적으로 나타나기도 한다. 물론 고령자가 늘어났다고 해서 모든 고령자가 예비 범죄자란 말은 아니다. 그러나 점차 늘어가고 있는 노인범죄를 깊이 생각해 보아야 한다는 것이다.

퇴행적인 욕망은 나이를 먹어도 남으며 오히려 그것이 더 강해진다고 한다. 왜냐하면 약한 존재가 되므로 자신이 살아가는 것에 더 집중하기 때문이다. 충동조절이 어려워진다는 것은 폭발할 확률도 높아진다는 것이다. 본 연구자가 이 부분에 주목하는 이유는 세계적 추세뿐만 아니라 우리나라도 꾸준히 늘어나고 있기 때문이다. 2010년 경찰청 발표에 따르면 노인범죄의 빈도는 10년 전보다 약 2.5배 증가하였으며, 강력범죄 증가율이 갈수록 높아진다는 것이다.

배우자의 죽음, 은퇴, 빈곤, 그리고 역할 상실로 인한 무력감 등 상실과 고립에서 오는 고령자의 심리적 변화를 의학분야, 사회복지분야, 체육분야 등 사회전반적인 관심과 노력이 필요할 것이다. 특히 노인체육복지에서는 단순한 신체활동이 아니라 사회구성원으로서의 역할을 다시 제공해 줌으로써 상실과 고립에서 오는 반사회적 성향들을 미리 예방하는 차원으로의 접근이 더욱 선행되어야 할 것이다.

그렇다면 앞으로 우리 사회는 많은 고민과 계획을 동시에 수행하여야 한다. 그 중에서도 베이비부머 세대들의 은퇴가 본격적으로 시작되는 5년 후 약 300만 명이 사회적 은퇴를 한다고 한다. 이에 반해 고령화 사회를 대비하는 시설적 면에서 고민을 피할 수 없을 것이다. 지금부터 시작을 한다고 하여도 단기간에 해결될 문제가 아니기에 여러 가지 방안 중에서도 주변의 인프라를 이용하는 방안이 대두되고 있다.

그 중 박물관에 필자는 주목한다. 박물관은 접근성이 용이하고, 시설의 우수성, 넓은 부지를 확보하고 있어 노인체육 복지 서비스를 유치하기에 더 없이 좋은 공간이라 생각한다. 물론 주말과 국공휴일은 외부 관람객으로 인해 사용의 제한이 있겠지만 주중의 잉여시간을 활용한다면 박물관 본연의 활용면에서 현 시대가 고민하는 부족한 노인체육 복지서비스의 시설적인 부분에서도 그 가치가 높다 하겠다.

더욱이 노인체육 복지서비스뿐 아니라 그 곳을 찾는 노인층을 대상으로 박물관시설 안내, 전시물 안내 같은 소정의 교육을 실시하여, 부족하나마 노인층에게 소소한 일자리도 제공할 수 있을 것이다.

이렇듯 박물관처럼 공공시설을 잘 활용한다면 국가의 노인복지에 대한 예산적 부분에서도 상당한 도움과 해결책이 될 것이라 생각하며 제언을 정리하고자 한다.

▮ 참고문헌

- 김광수(2012). 노인의 생활체육활동이 생활만족도에 미치는 영향. 미간행 석사학위논문. 서울사회복지대학원대학교.
- 김동배(2011). 고령화사회 대비 노인정책과제. 지방자치 미래한국재단, 276, 56~59.
- 길행선(2002). 노인체육 전공 지도자 양성을 위한 교육과정의 개발. 한국사회체육학회지, 15, 77~94
- 박정수(1994). 노인의 심리적·심체적 특성의 상호관계에 관한 연구. 미간행 석사학위논문. 단국대학교 대학원.
- 송정희(2005). 노인복지관 프로그램 이용과 노인생활만족도에 관한 조사 연구. 미간행 석사학위논문. 원광대학교 대학원.
- 안나영(2002). 노인의 생활체육 참여와 여가생활만족에 미치는 영향. 미간행 석사학위논문. 경기대학교 교육대학원.
- 원영신(2007). 노인건강운동이 노인의 생활양식 변화에 미치는 영향. 한국여성체육학회지, 21(3), 99~111.
- 이미숙(2004). 노인운동의 효과와 사회적 특성에 관한 연구. 미간행 박사학위논문. 경성대학교 대학원.
- 위성식,설민신(2005). 고령화 사회와 지방자치제의 장소 마케팅을 위한 골든 실버벨트 사업모델 개발에 대한 연구. 한국사회체육학회지, 23, 195~210.
- 윤 진(2012). 노인 생활체육활동 참여가 생활만족에 미치는 영향. 미간행 석사학위논문. 조선대학교 대학원.
- 장경태 · 이경옥 · 임호남 · 진행미 · 서연태 · 이정숙(2008). 노인체육. 서울. 대한미디어.
- 장인협, 최성재(2010). 고령화 사회의 노인복지학. 서울. 서울대학교 출판문화원.
- 최순남(1990). 노년기의 불안. 임종의 종교적 의미. 미간행 석사학위 논문. 한신대학교 대학원.

박물관 노인복지서비스 증진 방안

윤병화 · 양애란[1]

・
・
・

1. 머리말

현재 우리나라는 출산율이 급속히 하락하고 평균수명이 연장되면서 세계 최고 속도로 저출산 고령화 사회로 변하고 있다.[2] 따라서 저출산 고령화 시대에 적응할 수 있는 정치, 경제, 사회, 문화적인 시스템이 필요한 상황이다. 특히 노인들을 위한 다양한 복지체계 마련은 더 이상 미룰 수 없는 시급한 과제라 할 수 있겠다.

이런 측면에서 본고에서는 21세기 문화시대에 문화의 중요성을 새롭게 인식하고, 노인들을 위한 문화복지서비스를 제공할 수 있는 방법을 모색해 보고자 한다. 급증하는 노년기

---

1 세경대학교 박물관큐레이터과 교수, 사)국제티클럽 대전중도티클럽 회장
2 노인(65세 이상)세대 구성별 분포를 보면 다음과 같다. 전체 노인의 수가 지속적으로 늘어나고 있으며 특히 1세대 가구인 독거노인 도 급속하게 늘고 있는 상황이다. 이처럼 노인 인구수 변화를 통해 알 수 있는 것이 바로 우리나라의 고령화 현상이다.

구분		1990	1995	2000	2005	2010
전체 노인수	전체 노인수(명)	2,162,239	2,640,205	3,373,669	4,365,218	5,424,667
노인세대 구성별 분포	일반가구	962,522	1,251,231	1,734,402	2,448,348	3,111,011
	1세대 가구	238,429	388,604	587,161	846,014	1,074,740
	2세대 가구	302,664	325,902	420,188	583,059	723,494
	3세대 가구	214,069	171,452	171,466	221,192	230,889
	4세대 이상가구	5,022	4,110	4,354	4,431	3,421
	1인 가구	192,584	349,020	542,690	782,708	1,066,365
	비혈연 가구	9,754	12,143	8,543	10,944	12,102

통계청 : 인구총조사

세대들을 위해 노인들의 문화적 욕구에 대한 만족도를 높일 수 있는 방안들에 대해서는 여러 가지로 생각해 볼 수 있을 것이나 여기서는 구체적인 적용의 예로 문화예술센터인 박물관을 중심으로 노인들을 위한 복지서비스 증진방안에 대하여 살펴보도록 한다.

2. 노인에 관한 고찰

1) 노인의 정의

노인은 나이가 들어 늙은 사람을 칭하며, 삶의 흐름에서 최종단계에 돌입한 시기로서 신체적, 정신적, 사회적 측면에서 전반적으로 능력이나 적응력이 퇴화현상을 보이게 된다. 때문에 노인은 신체적 소모로 인한 마멸손상이 일어나고, 심리적으로 권태와 고독감에 사로잡히게 된다.

우리나라의 경우 「노인복지법」에 따라 65세 이상을 노인으로 구분하고 있는데,[3] 이는 통계상의 기준일 뿐 개인에 따라 노화 정도가 모두 다르기 때문에 다양한 기준으로 노인을 이해할 필요가 있다. 여기서는 신체적, 심리적, 사회적 측면에서 노인의 특성에 대해 알아보자.[4]

첫 번째, 신체적 측면이다. 노인들은 신체적 노화로 인하여 주름살이 생기고, 민첩성이 줄어들며, 뼈의 노화로 인해 구부정한 자세와 함께 거동이 불편해진다. 머리카락은 가늘어지고 희어지며, 감각도 약화되어 청각, 시력, 미각, 균형감각 등이 쇠퇴한다. 더불어 정신운동기술과 항상성의 능률이 떨어지고 신경계와 소화세의 기능도 떨어서 장애를 갖고 있는 경우가 많다.

두 번째, 심리적 측면이다. 삶에서 일어나는 일들을 받아들이는 수용력과 두려움 없이

---

3 「노인복지법」 제26조(경로우대), 제27조(건강진단 등), 제28조(상담·입소 등의 조치) 등의 조항에서 모두 65세 이상의 노인에게 혜택을 주기로 정의한 바에 따라 노인을 65세 이상으로 구분할 수 있다.
4 최옥채 외 3명, 「인간행동과 사회환경」, 양서원, 2007, 271~275쪽.

죽음을 직면하는 능력인 통합, 그리고 자신의 과거 삶에 대한 후회의 감정 등이 동시에 표출되고 생애에 대한 회고가 이루어진다.

세 번째, 사회적 측면이다. 노인들은 생존경쟁에서 밀려남으로써 많은 문제점에 노출되어 있다. 즉, 퇴직을 경험하게 되고 노동시장에서 밀려나면서 경제적인 생활에서도 어려움을 겪는 경우가 많다. 뿐만 아니라 의료서비스와 약품, 응급시 사용할 수 있는 통신수단 따위가 부족하고 활용도도 떨어지며, 미흡한 사회보장제도로 복지의 시각지대에 놓여 있는 노인들이 많다.

2) 노인을 위한 복지 혜택

급속한 노령화 사회의 진입으로 인해 복지제도가 미흡한 우리나라의 노인들은 현재 치매, 이혼, 우울, 학대 등에 노출되어 많은 어려움을 겪고 있다. 이에 정부와 시·도 단체에서는 「노인복지법」, 「노인 장기 요양 보험법」, 「기초노령연금법」, 「대한노인회 지원에 관한 법률」, 「장애인·노인·임산부 등의 편의증진 보장에 관한법률」, 「가평군 노인 보호에 관한 조례」, 「강릉시노인복지기금 설치 및 운용에 관한 조례」, 「강원도 노인복지 증진에 관한 조례」, 「경상남도 노인학대 예방 및 보호에 관한 조례」 등의 노인 관련 법령과 자치법규를 제정하여 노인복지를 위한 노력을 하고 있다. 이 중 「노인복지법」 에서 정의하고 있는 노인복지의 기본이념은 다음과 같다.

> 노인은 후손의 양육과 국가 및 사회의 발전에 기여하여 온 자로서 존경받으며 건전하고 안정된 생활을 보장받는다. 노인은 그 능력에 따라 적당한 일에 종사하고 사회적 활동에 참여할 기회를 보장받는다. 노인은 노령에 따르는 심신의 변화를 자각하여 항상 심신의 건강을 유지하고 그 지식과 경험을 활용하여 사회의 발전에 기여하도록 노력하여야 한다.

박근혜 정부는 140개 국정과제5에서 노인을 위한 복지혜택을 다음과 같이 제시하고 있다.

첫 번째, 편안하고 활력 있는 노후생활 보장이다. 이는 노후소득보장제도 정비 및 일자리 지원 확대를 통해 노인 빈곤율(2011년 기준, 45.1%)을 완화하고자 하는 취지이다. 추진계획으로는 1인 1연금을 통해 노후소득보장 사각지대 해소를 위해 기초연금과 국민연금을 통합한 국민행복연금제를 도입한다. 또한, 연간 5만 개 이상의 노인 일자리를 확충하고 일자리 참여 보수와 기간을 단계석으로 확대해 나가며, 중년기 이후 제계석인 생애설계가 가능하도록 '노후설계지원법'을 제정하고 대학 등과 연계한 생애설계교육을 시행하고자 한다.

두 번째, 의료 보장성 강화 및 지속 가능성의 제고이다. 구체적 추진계획으로는 65세 이상 노인에 대해 단계적으로 임플란트 건강보험 급여화를 진행하고, 장기요양보험의 치매특별등급 신설의 검토 및 국가치매관리종합계획을 차질 없이 추진하며, 지역사회 노인돌봄서비스, 老老케어 확대 등 다양한 사회적 지원체계 동원을 통해 독거노인들의 돌봄 부담을 해소하고자 한다.

세 번째, 보건의료서비스체계의 구축이다. 구체적 추진계획으로는 노인의료 강화를 위해 회복병원 체계 강화, '의료＋요양＋생활 통합서비스' 활성화, 호스피스 · 가정간호 등의 사업을 확대 시행한다.

이제 노인을 위한 복지혜택 제공은 범국가적인 과제이자 시대적 사명이다. 그렇지만 정책적 뒷받침만 있다고 해서 노인 복지가 완성될 수는 없다. 제도적 장치와 더불어 사회적 편견과 인식이 새롭게 재정립되어야 가능한 일이다. 이에 사람들의 감성을 자극하며 문화 향수를 증진시키는 박물관이라는 공간을 이용해 노인 복지를 시도해 보는 것도 좋은 대안이 될 수 있다.

---

5 청와대 http://www.president.go.kr/kr/policy/assignment.php

2. 박물관 노인복지서비스 증진 방안

1) 박물관 해설사로 노인들을 활용하는 방안

65세 이상 노인들의 사회단체활동 참여도를 보면 종교단체(45.6%)와 친목단체(59.6%)에 편중되어 있으며, 문화활동(1.2%)과 스포츠 및 레저 활동(4%)의 가입률은 매우 저조한 편이다. 즉 노인들의 여가문화 수요는 계속 확대되고 있으나, 관련 인프라가 미흡하여 여가생활을 제대로 영위하지 못하고 있는 상황인 것이다.

| 65세 이상 노인들의 주말과 휴일 여가활용방법 |

TV, 비디오 시청	여행	문화 예술 관람	스포츠 활동	컴퓨터	창작 취미	봉사 활동	종교 활동	가사일	휴식	사교 활동
43.7%	1.7%	0.2%	2.3%	0.4%	0.6%	0.3%	13.4%	15.8%	13.2%	6.8%

고령화 통계 (통계청, 2009)

뿐만 아니라 경제적 여유와 전문성을 가진 중산층 은퇴자들이 증가하면서 경제적 목적보다 사회적 참여에 대한 노인들의 욕구도 높아지고 있는 상황이다.[6] 그러나 자원봉사 희망 노인과 조직체계의 통합적 관리가 이루어지지 못하면서 자원봉사 현장에서는 혼란이 초래되고 있다.

이런 상황 속에서 노인들의 가치있는 여가생활과 자원봉사활동을 위한 하나의 방안으로서 박물관에서의 해설사 활동은 매우 긍정적인 효과를 가져올 수 있을 것이다. 노인들의 해설사 활동은 건강하고 활기찬 노후의 삶을 위해서는 물론 문화예술 향수 증진에 이바지한

---

[6] 베이비붐 세대인 40~50대 자원봉사자 참여율은 약 25.9%로 전체 인구의 자원봉사활동 참여율 20.1%보다 높게 나타나고 있다. 이는 행정안전부에서 조사한 전국 자원봉사 활동 실태조사연구(2008)에 따른 결과이다. 그만큼 자원봉사의 욕구자체가 다른 연령에 비하여 높다는 것을 의미한다.

다는 취지에서 사회적으로도 매우 유익한 일이라 할 수 있다. 즉, 일과 여가를 동시에 즐길 수 있는 박물관 해설사는 노인들의 여가문화 향유기반 마련과 자원봉사활동의 전문화도 이룰 수 있다.

해설사는 박물관의 최전방에서 관람객과 박물관의 의사소통을 돕는 조력자로 그 역할이 매우 중요하다. 해설사(Docent)라는 말은 '가르치다'라는 뜻의 라틴어 도세르(docere)에서 유래한 것으로, 박물관이나 미술관에서 관람객들의 이해를 돕도록 전시물 및 작가 등에 대해 설명하는 인내인을 말한다.7

박물관에서 입구의 매표소 직원 다음으로 가장 먼저 만나게 되는 해설사는 박물관의 첫인상으로서 그 친절도가 가장 중요한 인물이다. 그런데 노인이 이 역할을 맡아 정중한 인사예절, 상냥한 말투, 친절한 태도와 적절한 유머, 수준과 연령에 맞는 용어와 안내기법 등을 펼칠 수 있다면 더욱 안정된 분위기를 만들 수 있을 것이다. 때문에 박물관의 역할과 기능이 변화됨에 따라 생겨난 해설사 인력으로 노인을 채용한다면 박물관과 노인 모두에게 좋은 일이 될 수 있을 것이다.

그런데 노인 해설사 활동을 성공적으로 진행하기 위해서는 다음 사항들이 필요하다.

첫째, 노인 해설사들을 위한 교육과정이 필요하다. 박물관에 대한 전반적인 이해를 갖출 수 있도록 박물관학을 비롯한 박물관의 자료에 대한 학습을 전문강사와 학예사가 진행하고, 선배 해설사와 멘토링제를 운영하여 해설사 업무사항을 신속하게 전달받을 수 있도록 유도한다.

둘째, 박물관 인프라 확충이다. 현재 전국적으로 848개(2011.12.31기준)의 박물관이 있는데 해설사 활동을 모든 곳에서 할 수 없으니 각 시·도 단체에 있는 박물관협의회를 주축으로 신청관을 받아 박물관과 노인 해설사의 매칭이 원활하게 이루어지도록 추진한다.

셋째, 노인 해설사 정보망을 구축한다. 노인 해설사 인력풀 등록, 수요처 조회, 신청

---

7 윤병화, 「학예사를 위한 박물관학」, 예문사, 2013.

및 배치, 교육 등을 할 수 있는 종합적인 정보시스템과 알맞은 기관을 구축하여 쉽게 노인들이 박물관에 접근하고, 업무를 이해할 수 있도록 유도한다. 더불어 노인 해설사 매뉴얼집을 발간하여 배포함으로써 업무의 효율성을 높인다.

넷째, 노인 해설사 활동의 기반을 조성한다. 노인 해설사에 대한 적극적 홍보활동을 병행하고, 인식 개선이 이루어질 수 있도록 노인 해설사 스피치 대회, 노인 해설사 답사 프로그램, 노인해설사 대축전 등을 진행한다. 뿐만 아니라 생해보험 필수화, 실비지원 강화, 시간제 인증 등을 통해 해설사 활동의 공동 기준을 마련한다.

다섯째, 지역사회와의 협업을 진행한다. 초중고생을 대상으로 '옛날이야기' 특강, 일반인 대상으로 '젊음의 비결'특강 등 노인 해설사가 박물관 외에 지역사회에서 자신의 경험과 지식을 나누며 함께 성장할 수 있는 지식의 보급활동을 병행한다.

물론 노인 해설사는 공공분야 교육형에 해당되는 일자리로서 특정분야의 전문지식과 경험을 가진 경우에 할 수 있는 업무사항이지만, 일정 기간 학습을 통해 습득 가능한 부분도 많기 때문에 앞으로 노인 해설사의 채용은 더욱 기대되는 일자리라 할 수 있다.

2) 효문화 정착을 위한 박물관 역할의 필요성

유교적 이념이 아니더라도 한 사회에서 노인들을 존중하는 일은 인간의 삶을 풍요롭게 하는 데 빠질 수 없는 일로서, 특히 우리 사회에서 효(孝)는 사람이 사람답게 사는 인간의 가장 기본적 도리이자 규범으로 받아들여지고 있다. 선조들은 효를 백행의 근본이라고 여겼으며 이를 바탕으로 생활 자체를 규율하고 인간답게 사는 길을 제시하였다. 따라서 부모의 내리사랑에 대한 보은으로서 자식이 부모에 대한 극진한 마음을 갖는 것은 당연한 이치이며, 이런 생각이 사회로 확대되어 경로사상이 일반화되었다.

그러나 이처럼 사회를 지탱하는 근본 이념으로서의 효사상은 현대사회로 오면서 많이 퇴색되었고, 최근에는 독거노인이나 학대받는 노인들이 점차 많아지고 있는 실정이다. 사실 이러한 변화와 함께 노인문제를 해결하는 방안은 사회 전반의 모든 분야에 걸쳐 연구되어야 할 과제이나 여기서는 박물관을 초점으로 대안을 제시해 보려 한다.

　박물관은 유·무형의 문화유산을 수집, 보존, 연구, 전시, 교육하는 공간으로 선조들의 삶의 궤적을 확인하는 과정 속에서 효 문화를 정착시킬 수 있는 훌륭한 장소이다. 효 문화 장려를 위해서 박물관에서 할 수 있는 활동들은 다음과 같다.

　첫째, 노인에 대한 공경 교육을 진행한다. 노인 세대가 현재 우리사회가 있기까지 기여한 바를 되새기고, 현재 그들이 어떠한 위치에 놓여 있는지를 전시와 교육프로그램을 통해 알게 한다. 노인 세대가 이 사회를 위해 기여한 바를 알게 하면 자연스레 노인을 공경하는 분위기가 조성될 것이다.

　둘째, 효 문화 정착을 위한 다양한 행사들을 개발하여 진행한다. 어버이 날, 노인의 날 등 특별한 날과 월 1회씩 지역 박물관에서 효행자를 발굴하여 포상하고, 각종 기념행사를 개최하여 모범 노인과 효행자를 추천하는 등 사회적 분위기를 조성한다.

　셋째, 노인을 위한 박물관 내부적인 혜택을 마련한다. 65세 이상의 노인에게 전시 무료 개방 및 1회 체험프로그램 참여의 기회 제공 등 노인복지를 위한 프로그램을 자체적으로 꾸준히 개발해야 한다.

3. 맺는 말

　최근 몇 년 사이 독거노인 가구가 늘어나면서 경제적, 사회적으로 소외된 채 살아가는 노인들에 대한 여러 가지 문제들이 계속 발생하고 있다. 노후를 위한 경제적 준비가 전혀 없는 노인들의 경우에는 가장 기본적인 생존 자체도 위협받고 있는 실정이다. 우리보다 먼저 저출산 고령화 사회로 접어든 일본은 노인 관련 복지문제로 오랫동안 고민을 해왔으나 뚜렷한 대책 없이 여러 가지 문제들이 산재해 있는 상황이다.

　그러나 노인에게 경제적 문제만큼 사회적 심리적 소외와 상실감도 상당하다. 노인복지를 다루면서 경제적인 부분과 함께 이 부분도 함께 연구하고 해결해야 할 문제이다. 근본적 방안은 정치, 경제, 사회, 문화적으로 다각적인 측면에서 연구·논의되어야 하지만, 여기서는 문화적 측면에서 박물관이라는 한정된 장소에서 노인복지의 대안으로 박물관에서의 노인 해설사 채용과 효 문화 교육에 대해 제시해 보았다.

극히 부분적이긴 하나 이와 같은 논의들이 활성화된다면 더욱 풍성한 노인복지방안이 마련될 수 있을 것이다.

▥ 참고문헌

- 통계청
- 청와대 http://www.president.go.kr/kr/policy/assignment.php
- 노인복지법
- 최옥재 외 3명, 「인간행동과 사회환경」, 양서원, 2007.
- 윤병화, 「학예사를 위한 박물관학」, 예문사, 2013.

다문화가정 아동을 위한 박물관교육프로그램 활성화 방안

김수지 · 김연수[1]

·

·

·

1. 머리말

　다문화가정은 넓게는 한국인 남성과 결혼한 이주여성가족과 한국인 여성과 결혼한 이주남성가족, 그리고 이주민 가족인 노동자와 유학생을 모두 포함하여 분류할 수 있다. 그러나 요즘에는 다문화가정의 개념이 좁아져 한국 남성과 저임금 국가 출신 여성 간의 매매혼적 성격의 결혼으로 형성된 가정을 지칭하는 것으로 쓰이고 있다.

　이러한 상황 속에 다문화가정은 사회와의 융합에 어려움을 겪고 있으며 다문화가정 속의 아동들 역시 문화의 차이로 인한 정체성 혼란을 겪고 있다. 또한 경제적 · 사회적 기반이 취약한 이들 가정의 아동들은 결국 미래 사회에서는 큰 사회문제로 대두될 가능성이 높다.

　그렇기 때문에 이들 다문화가정을 위한 다양한 시설과 프로그램이 현재 긴급히 필요한 시점이다. 따라서 문화예술센터이며 사회교육기관으로서 대중에게 다양한 정보와 지식을 제공할 수 있는 박물관이라는 시설을 통해 다문화가정의 문제를 해결할 수 있는 방안을 모색해야 할 것이다.

---

1 국민대학교 행정대학원 미술관박물관학 전공

이에 본고에서는 다문화가정 아동을 위한 박물관의 역할에 주목하여 박물관의 교육프로그램을 개발하고 다문화가정의 아동에게 복지서비스를 제공할 수 있는 방안에 대하여 고찰해보고자 한다.

2. 다문화가정에 대한 고찰

1) 다문화가정의 개념 및 특성

다문화가정이 증가하고 있는 요인은 다음과 같다. 코리안 드림 현상으로 외국인들의 입국 증가, 노임단가의 급격한 상승과 3D업종 취업 기피 현상으로 내국인 노동력 공급 부족, 중국·러시아와의 수교에 따라 중국 동포들의 입국 중가, 지자체의 '농촌 총각 장가보내기운동' 영향, 정보화·세계화에 따른 국제결혼에 대한 인식과 가치관 변화, 편중된 성비, 결혼하지 않고 혼자 사는 여성 증가 등이다.

이와 같이 증가하고 있는 다문화가정의 특성을 보면 긍정적인 면과 부정적인 면으로 나뉜다. 긍정적인 면으로는 문화적 다양성을 인식하여 타문화에 대한 이해의 폭을 넓힐 수 있는 마음가짐을 가질 수 있고 다문화 가정의 아동들이 나중에 국가 간의 교류역할을 할 수 있는 이중언어와 다문화적 감수성을 가진 훌륭한 인재로 성장할 수 있다는 점이다. 반면 부정적인 면으로는 경제적인 어려움과 사회적 편견 그에 따른 스트레스와 가정불화로 인하여 다문화가정의 해체로 이어져 사회의 문제로 대두될 수 있다.

2) 다문화가정 아동의 사회적 문제점

다문화가정 아동의 사회적 문제점은 첫째, 다문화가정 아동의 경우 타 문화를 선택의 개념이 아닌 수용의 개념으로 받아들이면서 겪는 혼란이다. 둘째, 다른 신체적 특징으로 언어능력 향상에 대한 어려움, 자아 정체성 형성 확립의 문제, 학교생활 부적응의 문제 등이 생길 수 있다. 셋째, 다문화가정의 아동들 자체에 대한 사회 전반적인 포용력이

낮아 이들을 이해하고 포용할 수 있는 인식의 전환이 필요한 시점이다.[2]

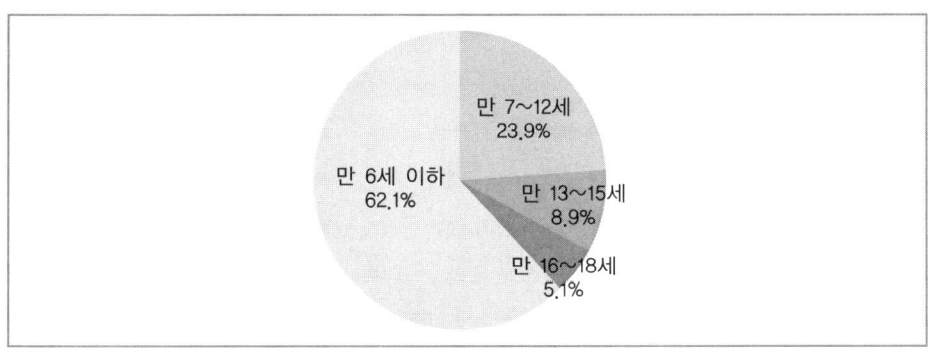

[결혼 이민자 및 귀화자 자녀 현황[3]]

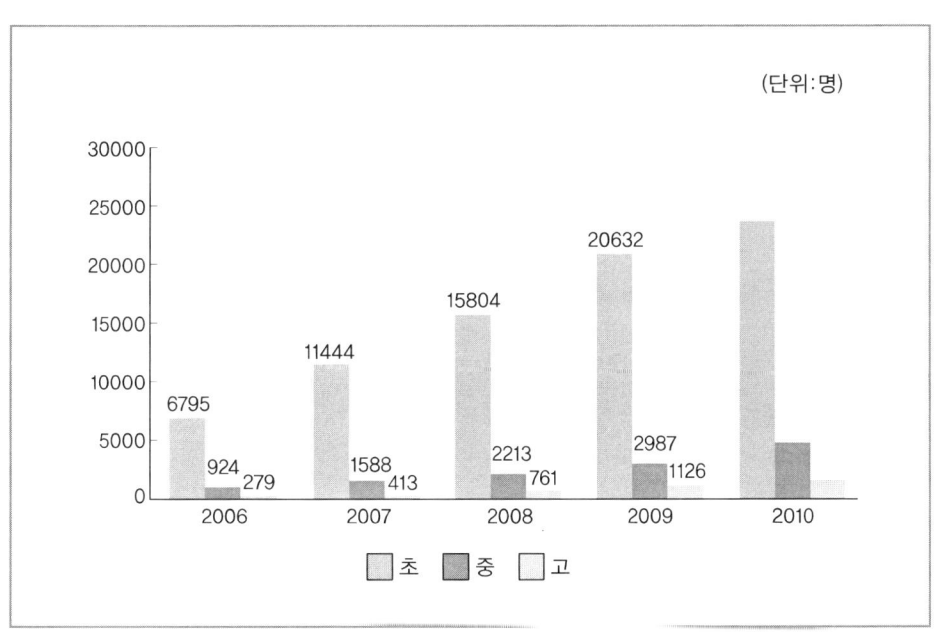

[국제결혼가정 자녀의 초중고 재학생 비율[4]]

---

2 한진상, "문화적으로 적합한 교수법의 관점을 통해 본 초등 다문화교육의 한계와 개선 방안", 「초등교육연구」 25, 한국초등교육학회, 2012, 220쪽.
3 안전행정부 2012년 1월 통계자료이다.
4 교육인적자원부 2010년 통계자료이다. 이중 모(母)가 외국인인 경우가 89.9%(27,001명)로 대부분을 차지하고 있다.

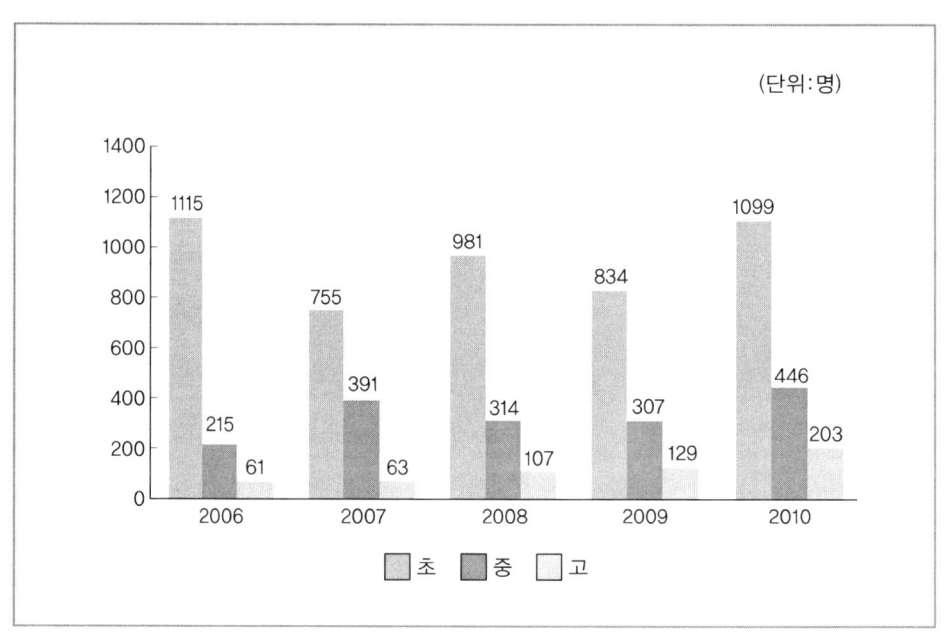

[이주노동자가정 자녀의 초중고 재학생 비율[5]]

| 다문화가정 아동의 집단 따돌림 이유[6] |

집단 따돌림을 당하는 이유	비율(%)
의사소통이 잘 안 되어서	34.1%
엄마가 외국인이기 때문에	20.7%
특별한 이유 없이	15.9%
태도와 행동이 달라서	13.4%
외모가 달라서	4.9%
기타	22.0%

이와 같이 다문화가정은 해를 거듭할수록 급격하게 증가하고 있다. 또한 다문화가정

---

5 교육인적자원부 2010년 통계자료이다. 외국인 근로자 자녀의 경우 재학현황은 파악되나 불법체류나 신분상의 문제 등으로 인해 미취학 상태인 학교 밖 취학연령대 아동에 대한 파악은 어려운 실정이다.
6 교육인적자원부, 「다문화가정의 자녀 실태조사」, 2006, 8쪽.

아동들은 의사소통이 잘 되지 않고, 엄마가 외국인이라서 집단 따돌림을 당하는 경우도 많다. 그렇기 때문에 만 6세 이하 아동들을 중심으로 지속적인 교육을 진행하여 다문화가정 아동이 우리 사회 안으로 유입될 수 있는 방안을 모색해야 한다.

3. 국내 박물관의 다문화 교육 프로그램

다문화가정 아동들이 우리나라를 이해할 수 있는 민족적 정체성을 갖출 수 있는 프로그램이 절실하다. 즉 같은 민족이라는 의식을 가지고 동일한 문화를 공유할 때 자연스레 우리나라에 대한 동화가 이루어질 것이다. 이를 위해서는 박물관이라는 문화예술공간에서의 교육을 통해 우리 민족의 민족성 형성의 바탕이 된 전통문화에 대해 이해시킬 수 있다. 이에 우리나라의 대표적인 국립박물관인 국립중앙박물관과 국립민속박물관에서 이루어진 국내 다문화가정을 위한 교육의 사례를 살펴보고자 한다.

1) 국립중앙박물관

국립중앙박물관에서는 어린이와 가족, 성인, 군인, 장애인, 외국인, 다문화가정으로 나누어 개별적인 프로그램을 진행하고 있으며 문화라는 코드를 이용하여 우리나라의 전통 문화에 대한 이해도를 높이고 다양한 타 문화를 서로 공유할 수 있는 프로그램으로 구성하였다.

프로그램명	참가자	기간	내용
MAYA-2012 박물관 다문화 아카데미	다문화가족 내국민가족 외국인	10월 13일 토요일 (10:00~12:00) 10월 27일 토요일 (14:00~16:00)	주제 : 국립중앙박물관 특별전시와 떠나는 세계문화여행 • 마야전시를 해설과 함께 진행 • 멕시코 식당과 연계, 멕시코 차와 디저트 시음 진행 • 마야 토기와 비교하여 만들어보는 우리문화 체험

2012 터키 이야기를 들으며, 터키 차와 디저트를 맛보다.	주한 외국인 및 내국인	7월 19일부터 8월 25일 (10:00~13:00) 총 8회	터키에 관한 역사와 문화 강의 터키 차와 디저트 시연 및 시음
			터키/우리문화 체험 • 터키의 문양을 담은 장식품 만들기 • 나만의 자개문양 장식품 만들기
			한국의 전통의상, 장신구 체험 • 족두리, 갓, 조바위, 한복 등 착용하고 사진 찍기
2012 박물관에서 체험하는 여러 나라 문화재	외국인 다문화가족 40명	3월~11월 매주 수요일 (15:00~17:00) 30회	국립중앙박물관 상설, 기획, 특별전시와 연계한 체험 • 꿈과 소망을 담은 용 그림 그리기
2011 박물관에서 체험하는 아시아 문화	다문화가정 결혼이주민 여성	4월1일부터 12월 20일 매주 금요일 (10:00~12:00)	유물 속에 등장하는 다양한 동물들의 상징과 의미를 알아보고, 동물모양 도자기 만들기
2010 한지붕 속 다문화	다문화학생 초등학교 1~3학년 (15명)	5월 8일 토요일 (13:00~15:00)	• 나라의 문화를 연극으로 배워보기(우즈베키스탄 전시실 연계) • 우즈베키스탄 전시실 자율적 관람 • 다문화 친구 15명과 함께하는 프로그램

2) 국립민속박물관

국립민속박물관은 어린이와 청소년, 성인, 가족, 외국인, 전문인, 농어촌과 장애인, 저소득층으로 나누어 교육프로그램을 진행하고 있다. 특히, 다문화가정의 아동들에게 우리나라 문화에 대해 이해할 수 있는 길을 열어주고, 국제결혼을 한 이주여성들의 문화를 공유할 수 있는 프로그램도 활발하게 진행하고 있다.

프로그램명	대상	기간	내용
2013 우리 민속 나눔	외국인 유학생	1월1일 부터 11월30일	• 민속소품 만들기 • 한지공예 : 사각필통, 육각필통, 컵 받침, 보석 상자 등 • 규방공예 : 전통문양 동전지갑, 파우치 등

			• 우리가락과 춤사위 배우기 • 사물놀이 이론과 장단 배우기 • 탈춤 기본동작 익히기
			• 스크린 속 숨은 우리민속 찾기(의생활 편) • 한국 전통 복식에 대한 이론 강의 및 동영상 시청 • 두루 주머니에 금박 찍기 체험
			• 우리 무술 배우기 • 택견 기본동작 익히기
			• 외국 부인 대상 민속 강의 및 문화탐방 • 국민 민속 박물관 소개 • 민속강의 : 한국인의 의, 식, 주(택1)
2012 외국인과 함께하는 우리민속 나눔 교실	국내 거주 외국인	3월1일 부터 11월30일	• 스크린 속 숨은 우리민속 찾기(의생활 편) • 의생활 관련 영화·PPT 등 스크린을 활용한 민속 강의 • 남·여 한복 입어보기 체험 • 실기체험 : 의생활 관련 두루주머니 만들기
			• 민속소품 만들기 • 한지공예 : 한지로 사각필통, 육각필통, 소반 만들기 등 • 규방공예 : 전통문양 동전지갑, 파우치 만들기 등
			• 우리가락과 춤사위 배우기 • 사물놀이 이론과 상단 배우기 • 탈춤 기본동작 익히기
2012 외국인 전통연희교실	국내 거주 외국인 유학생	3월1일 부터 11월30일	외국인들에게 한국의 전통연희를 체계적으로 접할 수 있는 기회를 제공함으로써 한국문화를 이해할 수 있도록 외국인 전통연희교실을 마련하였다. 외국인 선호도를 감안하여 4가지 프로그램을 마련하였고, 강좌 수료 후에 발표회 개최를 통해 강좌의 집중도 및 교육의 효과를 높이고자 하였다.
			• 전통연희 공연, 동영상 시청, 이론 강의 • 물놀이, 탈춤, 택견 중 택1하여 연속 8회 강좌 • 강좌 수료 후 박물관에서 그룹별 발표회 개최 • 장구 관련 동영상 및 이론 강의/강습 시작 • 연속 8회 강좌 • 강좌 수료 후 박물관에서 단체 참가자들과 함께 발표회 개최

			• 스크린 속 숨은 우리 민속 찾기 "한국의 생활편"
			• 의생활 관련 영화·PPT 등 스크린을 활용한 민속 이야기
2011 외국인과 함께하는 우리민속 나눔 교실	외국인 단체	3월1일 부터 11월30일	• 전시실 관람하며 관련 유물 찾기 활동 및 활동지 작성
			• 실기 체험 : 의생활 관련 복주머니 만들기
			• 한지공예 : 한지로 사각 필통, 접시 2종 세트, 보석상자, 스탠드 만들기
			• 규방공예 : 전통문양 동전지갑, 파우치 만들기
			• 소원 담아 솟대 만들기
			• 우리가락과 춤사위 배우기
			• 사물놀이 이론과 장단 배우기
			• 탈춤 기본동작 익히기

5. 지속적인 박물관과 학교 교육 프로그램 활성화 방안

1) 방학을 이용한 정기 다문화 교육 프로그램 운영

초등학교 여름과 겨울에 시행되는 적성 프로그램 항목에 다문화에 대한 이해와 교육을 목적으로 한 특별 프로그램을 정기교육과정으로 실시하여 아동들이 방학을 이용하여 다문화 프로그램을 접할 수 있도록 한다. 다문화 프로그램이란 아동 교육기관의 단계별 교육과정을 다문화 교육에 접목시켜 만들어진 교육 프로그램이어야 하며 다문화 가정의 아동과 일반 아동들이 서로 공유할 수 있는 의식을 고취시킬 수 있어야 한다. 뿐만 아니라 타 문화에 대한 편견과 고정 관념을 벗어날 수 있는 정서적인 프로그램이 되어야 한다. 방학 중 다문화 프로그램의 진행 장소는 학교와 박물관, 그리고 제3의 장소로 지방자치단체의 후원이 있는 지역 문화복지시설을 활용한다. 지역 문화복지시설로는 문화의 집, 복지회관, 문화체육센터, 청소년수련시설 등이 있다.[7]

---

7 문화체육관광부, 「전국문화기반시설 총람」, 2010, 2쪽.

2) 학교교육 연계 프로그램 강화

박물관이 새로운 교육기관으로서의 면모를 갖추어 나가고 있는 현 시대에 박물관과 학교 양측의 적극적인 참여를 통한 공동 교육프로그램이 기획되어야 하며, 박물관의 공공교육개념을 더욱 확대해 나가야 한다.

학교교육 과정과 관련된 다문화 정보를 보다 포괄적이고 체험이 가능한 프로그램으로 개발하여 학생과 학부모 모두가 다문화에 대한 전반적인 이해를 할 수 있도록 박물관과 학교는 협력적인 교육관계를 형성해야 한다. 각 학교별로 학교 특성에 맞는 다문화 교육 전문강사와 교육자를 양성하며 박물관에도 다문화 교육이 진행될 수 있도록 학교교육 과정과 연계한 프로그램을 함께 기획할 수 있는 전문인을 양성한다. 이렇게 된다면 보다 전문적이고 학교와 관련된 훌륭한 교육 공간으로서 박물관을 강화할 수 있으며, 결국 효과적인 다문화 교육이 이루어질 것이다.

3) 전문교육 인력 배치[8]

교육부는 다문화 장기 계획으로서 국가적 · 교육적 · 사회적 차원으로 나누어 지원 계획을 수립하였다. 국가적 차원 계획으로는 다문화 가정 문제 해결을 위한 전문인력 양성, 다문화가정 전문연구 및 정책실행기구 마련, 다문화가정 구성원 사회적응 및 교육정책 마련이 있으며, 교육적 차원의 계획으로는 다문화 이해 교육과정 도입, 다문화 가정 학습자 교재 개발, 다문화 가정 이해를 위한 교사 연수 및 자료 개발, 교육대학 교육과정에 다문화 교육 포함 등이 있다. 사회적 차원의 계획으로는 평생 학습과 연계된 다문화 지원 교육, 취학 및 입학 전 예비 학교 설립 등이 있다.

그러나 다문화 교육에 대한 교사나 강사의 교육 연수 과정에도 다문화에 대한 교육 비중은 거의 없는 것으로 보아도 될 정도로 그 비중은 매우 낮다. 따라서 구체적이고

---

8 Rychen, D. S, & Salganik, L. H.(2003). Defining and selecting, key competencies Hogrefe and Huber.

지속적이며 장기적인 교육지원 계획이 강화되어야 한다. 각 단계별 교육에 대한 전문가와 교육자의 협업이 무엇보다 필요하며 전문 교육인 확보를 위하여 꾸준한 인력양성이 진행되어 각 학교에 배치될 수 있어야 한다.

이를 위해 국제결혼을 한 이주여성을 다문화교육 인력으로 양성한다면 이주여성 학부모의 학교 참여와 한국사회 적응문제, 언어사용의 문제점 등을 한번에 해결할 수 있다. 이러한 다문화가정 속의 학부모인 이주여성들을 다문화 교육 인력으로 양성한다면 다양한 정보 수집과 체험이 어려운 다문화 가정에 좋은 네트워크를 형성할 것이다.

4) 지역 공공시설을 활용하는 찾아가는 박물관

찾아가는 박물관은 문화소외지역인 농촌지역의 보건소 및 마을회관에서 작품을 관람하게 하고 직접 만져보며 오감체험을 할 수 있는 기회를 제공함으로써 문화향수 증진에 이바지하는 프로그램이다.

이렇듯 찾아가는 박물관의 범위를 소외계층인 다문화가정으로 확장하여 다문화가정 아동들에게 신선한 문화적 혜택을 줄 수 있도록 유도한다.

5) 우리나라를 이해할 수 있는 프로그램 개발[9]

우리 민족성 형성의 바탕이 된 전문화에 대하여 이해시키고 경험하게 하여야 하며, 이를 위해서 다음과 같은 프로그램의 개발을 제안해 본다.

(1) 음식 분야

① 기초과정에는 조리법 익히기 프로그램으로 편성한다.

장 담그기, 여러 가지 김치 담그기, 장아찌 담그기. 국 끓이기, 나물무치기,

---

9 박대회, 「다문화가정의 문화적 정체성 확립을 위한 문화예술교육」, 「문화예술교육의 경쟁력 강화 방안」, 옛터민속박물관, 2008, 40~42쪽.

마른반찬 만들기, 조림하기, 전부치기, 음료(화채, 식혜 등), 양념장 만들기 등

② 심화과정에는 상차림과 세시풍속 음식에 대한 프로그램으로 편성

　　3첩 반상, 5첩 반상, 7첩 반상, 9첩 반상

③ 장 담그기 과정을 별도로 편성한다.

　　메주 쑤기, 메주 띄우기, 고추장·된장 쑤기, 엿기름 띄우기 등

④ 가양주 만들기, 한과 만들기 반은 특별 프로그램으로 운영, 희망자가 이수하도록 한나.

⑤ 식사예절을 병행하여 교육한다.

⑵ 예절 분야

① 경어 익히기

　　우리나라 경어는 그 쓰임이 매우 까다롭다. 그러나 올바른 경어 사용은 반드시 익혀야 할 덕목이므로 반드시 편성한다.

② 예절 익히기

　　절하기, 문안 올리기

③ 호칭 익히기

　　일가친척 사이의 호칭은 비단 이민자 가정만의 문제는 아니지만 필요한 과제이다.

⑶ 음악과 춤 분야

① 기초과정에는 장구 장단 익히기와 민요 부르기, 우리 악기 알기 과정을 편성한다.

② 심화과정에는 풍물, 사물놀이, 각종 춤과 탈놀이 등을 운영한다.

③ 특히 민요 교육 시에는 조상의 삶에 대해 알린다.

　　두레, 동제, 장승제 등

(4) 문화재 알기

박물관 중심으로 문화재 알기 프로그램을 운영한다. 또는 별도 편성 없이 각 분야 프로그램 운영중 관련 문화재 견학, 또는 박물관 견학을 병행 운영한다. 세시풍속 프로그램에 민속박물관 견학 프로그램을 포함시킨다.

(5) 놀이 분야

① 계절마다 알맞은 놀이를 갖고 있는 민족의 전통놀이를 익히는 프로그램 편성
  겨울철 : 팽이치기, 연날리기 등
② 별도 프로그램을 편성하지 않고 다른 프로그램 중간중간에 놀이형식으로 편성하는
  것도 좋을 것이다.
③ 놀이기구를 직접 만들어 쓰도록 한다.

(6) 공예 분야

① 아기자기한 공예 문화를 접하며 삶의 즐거움을 발견하도록 한다.
② 다양한 짚공예를 통해 한국의 전통적 농촌 삶에 대하여 알아간다.
③ 전통한지공예 작품 중에서 아주 초보적인 몇 가지를 배워보는 시간을 가지면서
  이국생활의 외로움과 갈등을 문화로 풀어본다.
④ 전통자수나 바느질 공예를 배우면서 한국 여성들의 가사노동과 삶의 애환 등에
  대하여 배워본다.
⑤ 유료의 심화과정을 편성할 필요가 있다.

(7) 역할극 놀이

위의 모든 과정 중간중간에 역할극 놀이를 도입하여 자신들의 변해가는 과정을 스스로 확인해 볼 수 있는 시간을 편성한다.

6. 결론

　다문화가정 아동을 위한 교육프로그램은 단순하고 평면적으로 그동안 진행되어 왔지만 앞으로 더욱 다양하고 입체적으로 우리나라를 이해할 수 있도록 프로그램을 만들어야 한다. 이는 결국 우리나라가 자신의 또 다른 고향이라는 소속감을 키워나갈 수 있을 것이다. 또한 살아가면서 느낄 수 있는 다양한 심적 갈등을 순화시키고 다잡아 갈수 있는 정서적 · 심리적 자존심을 가질 수 있다.

▧ 참고문헌

- 안전행정부

- 교육인적자원부

- 교육인적자원부, 「다문화가정의 자녀 실태조사」, 2006

- 문화체육관광부, 「전국문화기반시설 총람」, 2010

- Rychen, D. S., & Salganik, L. H.(2003). Defining and selecting, key competencies Hogrefe and Huber.

- http://www.jejubreaknews.com/sub_read.html?uid=7308, 2013년 03월 12일, 제주브레이크뉴스, 조아라 기자.

- 한진상, "문화적으로 적합한 교수법의 관점을 통해 본 초등 다문화교육의 한계와 개선 방안", 「초등교육연구」25, 한국초등교육학회, 2012.

- 박대회, 「다문화가정의 문화적 정체성 확립을 위한 문화예술교육」, 「문화예술교육의 경쟁력 강화 방안」, 옛터민속박물관, 2008.

저소득층 자녀를 위한 박물관 복지서비스

맹홍균 · 오경석[1]

·
·
·

1. 머리말

사회 · 경제 구조가 지식 중심의 사회에서 문화예술 중심의 사회로 변하면서 21세기를 문화예술의 시대라 칭하고 있다. 이처럼 문화예술의 중요성이 강조되면서 문화역량이 국력을 상징하는 척도가 되기도 한다. 이미 선진국에서는 문화예술이 갖고 있는 경제적 파급효과에 주목하고 도시 · 지역 계획은 물론 정책까지 문화예술을 중심으로 개편하고 있다. 이러한 흐름은 우리 생활에서 문화예술이 중심이 될 수 있으며 누구나 건강하고 쾌적한 삶의 환경을 이루고 문화예술을 향유하고, 여가 생활의 활성화를 통해 인간다운 삶을 누리도록 보장해야   한다는 것을 의미한다.

그러나 이처럼 당연히 누려야 할 인간의 기본적인 권리, 그 중에서도 점점 중요시되고 있는 예술을 향유할 수 있는 권리를 갖지 못한다는 사실은 물질적 계급사회에서의 실질적인 평등을 지향하는 현대사회의 폐해가 아닐 수 없다.[2]

그렇기 때문에 사회의 소외계층이라 할 수 있는 저소득층을 위한 문화예술사업이 활발하게 진행되어야 한다. 현재 평소 문화예술 프로그램을 보고 즐길 수 없었던 저소득층에게 문화예술적 혜택을 주기 위해 기획된 사업인 '문화바우처사업'이나, '문화나눔사업' 등이

---

1 국민대학교 행정대학원 미술관박물관학 전공
2 오금양, 「서울시 저소득층 문화복지 실태에 관한 연구」, 서울시립대학교 석사학위논문, 2011, 1~2쪽.

진행되는 것은 크게 환영할만한 일이다. 하지만 주로 문화예술에 대한 개념과 필요성에 대한 이해가 부족하여 지원하는 형태가 단순한 기업의 이미지 개선이나 복지 사업 정도로 이루어지다보니 정작 지원 대상자인 저소득층을 위한 프로그램이 아닌 주재자를 위한 것이 대부분이다. 그래서 이러한 문제를 가지고 저소득층을 위한 문화예술사업이 어떻게 이루어지고 있는지 지원 현황과 형태를 살펴보고 지원 제도를 분석함으로써 더 나은 지원 제도에 대한 효율적인 방안을 모색해보고자 한다.

2. 저소득층의 문화예술 복지서비스

1) 저소득층의 개념 및 특징

저소득층은 기초생활수급자로 국민이 건강하고 문화적인 생활을 유지하기 위하여 소요 되는 최소한의 비용을 의미하는 최저생계비가 소득의 이하이거나 최저생계비의 120% 이하일 때 이를 저소득층이라 지칭한다. 저소득층은 일반적으로 생활보호의 수준에 있거 나, 그 정도의 소득으로 생활하고 있는 계층이다. 단지 소득이 적다는 것에 의해 저소득층으 로 규정되는 것이 아니라 직업의 불안정성, 소득의 불규칙성, 사회적 활동력의 악화 등으로 인해 경제적 지위가 낮은 것을 의미한다. 저소득층은 소득기준에 따라 절대빈곤층, 차상위 계층, 차차상위 계층으로 나누어 볼 수 있다. 본고에서 다루는 저소득층은 최저생계 비 이하로 생활하는 절대빈곤층이 아닌, 일정한 상황이나 노력의 유무에 따라 절대빈곤층으 로도 혹은 빈곤이 아니라 평균적 경제수준집단으로 유입될 가능성을 가지고 있는 차상위계 층, 즉 상대적 빈곤층을 의미하여 최소한의 생활을 유지하며 살아갈 수는 있지만 문화예술 향유 기회는 가질 수 없는 계층으로 한정하고자 한다.

여기에서는 소득이 최저생계비 이하인 계층을 의미하며, 이는 국민기초생활보장제도에 의하여 급여를 받는 수급자와 급여를 받지 못하는 비수급 빈곤층으로 구분된다. 차상위

계층은 우리나라 「국민기초생활보장법」[3]에 규정된 법적 · 행정적 용어로, 「국민기초생활
보장법 시행령」 제3조의2 규정에 의하면 "소득인정액이 대통령령이 정하는 기준 이하인
계층이라 함은 소득인정액이 최저생계비의 120% 이하인 자를 말한다" 라고 한다. 차상위
가구는 1~2인 구성비율이 높으며, 노인가구 및 편모가구의 비율 역시 상대적으로 높은
편이다. 소득이나 국민기초생활보장제도에 의하여 급여를 받지 못하는 계층을 의미한다.
이외에 차차상위 계층은 차상위 이상 소득분위 하위 40% 이하의 계층을 의미한다. 2011년
12월 말까지 국민기초생활수급자의 수는 아래와 같다.

| 수급자수와 구성비율(2011년) |

(단위 : 명, %)

구분	계	일반수급자	시설수급자	가구수
수급자 수	1,469,254	1,379,865	89,389	850,689가구
구성비	100	93.9	6.1	

저소득층의 문제는 단지 어려운 생활이라든지 육체적 곤란과 같은 외적인 부분이 아니라,
빈곤을 통하여 개인의 존엄성을 침해할 수 있는 사회적 상황이 형성될 수 있다는 것과

---

3 「국민기초생활 보장법」
　제2조(정의) 11. "차상위계층" 이라 함은 수급권자(제5조제2항에 따라 수급권자로 보는 자를 제외한다)에
　해당하지 아니하는 계층으로서 소득인정액이 대통령이 정하는 기준 이하인 계층을 말한다.
　제5조(수급권자의 범위)
　① 수급권자는 부양의무자가 없거나, 부양의무자가 있어도 부양능력이 없거나 부양을 받을 수 없는 자로서
　　소득인정액이 최저생계비 이하인 자로 한다.
　② 제1항의 규정에 의한 수급권자에 해당하지 아니하여도 생활이 어려운 자로서 일정기간 동안 이 법이 정하는
　　자는 수급권자로 본다. 〈개정 2008.2.29, 2010.1.18〉
　③ 제 1항의 부양의무자가 있어도 부양능력이 없거나 부양을 받을 수 없는 경우는 대통령령으로 정한다.
　제24조(차상위 계층에 대한 조사) ①시장 · 군수 · 구청장은 최저생계비의 변경 등에 의하여 수급권자의
　　범위가 변동함에 따라 다음 연도에 이 법에 의한 급여가 필요할 것으로 예측되는 수급권자의 규모를 조사하기
　　위하여 보건복지부령이 정하는 방에 따라 차상위 계층에 대하여 조사를 실시할 수 있다. 〈개정 2005.12.23,
　　2008.2.29〉

경제적인 것을 넘어 사회적 조건과 자원의 활동능력은 있지만 실직상태에 놓여 있는 저소득층, 일을 하고 있는 낮은 임금과 취업의 불안정성으로 자립을 못하고 있는 저소득층 등 다양한 접근이 가능하다. 저소득층은 경제적·사회적·문화적·심리적·교육적 배경을 가지고 있으며, 이러한 배경적 요소들은 그들을 빈곤하게 만드는 요인이 되기도 하고, 빈곤에서 벗어나기 어렵게 만드는 요인이 되기도 한다. 우리나라 빈곤가구는 저학력, 여성가장, 취업한 가구원이 적은 가구에 집중되어 있다. 또한 가족 구성원 중 노인과 장애인의 비율이 상대적으로 높은 가구가 많다. 이러한 가족구성의 특징들이 저소득층의 소득은 적고 지출은 많게 하여 빈곤상태에 머물게 하는 한 요소이다. 이 외에도 열악한 주거환경, 다양한 질병, 불안정한 직업, 자녀들 교육문제, 공동활동에 대한 무관심, 가정해체와 처자식 유기현상 등이 사회적 특징으로 나타난다. 저소득층의 가장 큰 특징 중 하나는 개인과 사회 간의 결속이 없거나 약하여 주민들 사이의 공동체적 연대감과 자치능력이 약화되었다는 점이다. 또한 과거 저소득층의 주거가 여러 지역에 분산되어 저소득층이 일반소득층과 함께 어울려 살았다고 한다면, 현재에는 저소득층의 주거가 밀집되어 지역화 경향을 띄는 특성이 나타난다.[4]

2) 저소득층 자녀를 위한 문화예술의 필요성

문화복지는 오늘날 복지사회가 요구하는 새로운 경향이다. 하지만 우리사회는 복지를 주로 물질적인 삶의 보장으로 인식하고 있다. 수십 년간을 경제제일주의에 바탕을 둔 정책을 시행해온 결과, 정신적이고 문화적인 삶을 영위할 수 있는 기반이 마련되어 있지 않다. 저소득층의 문화적 권리는 이들이 스스로의 소외를 극복하는 데 가장 필요한 요소이면서 어떤 면에서는 가장 핵심적으로 이들에게 요구되는 권리임에도, 저소득층에 대한 그동안의 접근은 주로 최저생계수준 보장 차원에서 이루어져 왔다. 물론 저소득층의

---

4 오금양, 「서울시 저소득층 문화복지 실태에 관한 연구」, 서울시립대학교 석사학위논문, 2011, 12~15쪽.

물질적 결핍과 빈곤 상황은 생존에 필요한 여건마저 갖춰지지 못한 상태를 가리키며, 이는 인간다운 삶을 영위할 수 있는 최소한의 조건이 갖추어져 있지 못함을 의미한다. 이러한 상태가 이들의 인간으로서의 존립과 존엄을 위협한다는 점에서 빈곤은 인간의 기본권리를 침해한다. 다른 한편으로 빈곤은 이러한 상황에 처해 있는 사람들로 하여금 국민으로서, 또 시민으로서 행사해야 할 권리와 의무를 다할 수 없게 만든다는 점에서 개인 문제의 차원을 넘어 사회적 차원의 문제가 된다.[5]

2012년 문화향수 실태조사에 따르면 문화예술관람 및 지출현황을 볼 때 계층별 상당한 차이를 보였는데 나이가 어릴수록, 도시규모가 클수록, 고소득층일수록, 학력 수준이 높을수록 문화예술을 자주 접하고 있었으며, 그나마 참여하는 대중들에게 대부분의 문화예술 활동은 '영화관람'에 그치고 있었다. 문학행사, 미술전시회, 클래식 음악회, 오페라, 연극, 무용 등의 문화예술 관람은 아직 소수의 대중들만이 즐기고 있는 실정이다. 이처럼 문화예술 활동에 부익부빈익빈 현상이 심한 이유는 사회적 취약계층의 시간적 · 금전적 여유와 문화예술에 대한 교육, 접근성 등의 문제와 밀접한 관계가 있다.[6]

최근 문화적 권리가 관심의 초점으로 떠올랐다고 하지만 우리나라는 여전히 노동과 보건, 사회복지 등 다양한 차원에서 그 권리 회복이 주장되었을 뿐, 문화적인 차원에서 바라보고 이를 문화적으로 해소하고자 하는 접근은 거의 이루어지지 않고 있다. 문화적 권리를 신장하기 위해서는 문화적 관점을 가짐과 동시에 이 권리를 보장하기 위한 사회적 노력이 구체적인 작업으로 나타날 필요가 있다.

또한 저소득층에 있어서 문화예술을 향유할 수 있는 기회를 가진다는 것은 여러 가지 의미로 재해석될 수 있다. 첫째, 지역 내 공공기관 및 문화예술시설에서 이루어지는 저소득층을 위한 문화예술향유 프로그램을 접함으로써 하나의 지역활동에 참여한다는

---

5 이동은, 「저소득층 아동을 위한 박물관 교육프로그램 - 덕수궁미술관 중심 사례 연구 - 」, 경희대학교 석사학위논문, 2009, 13~16쪽.
6 문화관광부 · 한국문화관광정책연구원, 「2012문화향수 실태조사」, 2012.

것이며 둘째, 저소득층이 문화예술향유 프로그램에 지속적으로 참여함으로써 점점 사회와의 연대감을 갖는다는 것이며 셋째, 문화예술향유 프로그램이 가지고 있는 정신적, 지적, 예술적 감성을 접하면서 저소득층이 가지고 있는 심리적 문제에서 벗어날 수 있는 기회를 갖는다는 것이다.

현재 시행하고 있는 저소득층을 위한 문화예술향유 기회 지원에 해당하는 문화시설의 문화예술행사에 참여한 저소득층의 비율에 대하여 알아보고자 한다.

3. 사례연구

박물관·미술관의 저소득층 자녀 교육프로그램은 저소득층 자녀에 대해 사회적 포용의 역할을 하고 있으나, 교육프로그램의 운영방향, 운영방식 등 여러 문제점을 안고 있다. 여기에서는 이에 대한 문제점과 방안을 서울시 어린이 문화예술교육 '꿈나무 예술탐험대'와 덕수궁미술관의 '희망을 그리는 미술관' 사례와 문화예술 전반적인 복지 서비스인 문화바우처 사례를 중심으로 심층 사례연구를 하고자 한다.

사례선정방식은 여러 가지가 있겠지만 우선, 국가기관이나 정부에 의해서 실시된 것, 저소득층 자녀가 우선일 것에 초점을 맞춰서 사례를 연구하기로 한다.

1) 문화바우처 제도

바우처란 정부가 직·간접적으로 소비자에게 구매권을 부여하여 필요로 하는 공공서비스를 확보하도록 하는 것을 말한다.

바우처(voucher)의 사전적 의미는 증서 또는 상품권 등의 뜻이다. 원래는 마케팅에서 특정상품의 판매를 촉진하고 고객의 충성도를 확보하기 위해 사용되는 기법 중 하나였으나, 현재는 사회보장제도에서도 널리 사용되고 있다. 마케팅 측면에서 바우처는 구입할 수 있는 상품에 제한이 있는 일종의 상품권이라고 할 수 있는데, 예를 들어 도서상품권,

문화상품권 등이 해당된다.[7]

또한 문화바우처 제도는 경제적 여건 등으로 인해 문화활동에 제약을 받고 있는 저소득층(기초생활수급자. 차상위계층)에게 공연, 전시 등 문화예술 향수기회를 제공하여 저소득층의 문화향수권을 신장하고 삶의 질을 높이기 위한 제도이다.

저소득층의 문화활동에서 비용의 문제와 관련한 직접적인 현물 지원 방식으로 전개한다는 점에서 문화활동에 참여 계기를 제공하는 데 의미가 있으며, 저소득층을 위한 문화향수에 대한 계층 간 차별성을 완화하고 나아가 문화관광 분야의 산업연관효과까지 기대할 수 있다. 문화바우처 지원은 '신나는 예술여행' 홈페이지를 통해 이루어지며, 기초생활수급자와 차상위계층이라는 뚜렷한 지원대상과 수혜대상에게 100% 현물을 지급한다는 것을 특징으로 볼 수 있다.[8]

문화바우처는 문화예술을 향유하지 못하고 있는 소외계층에게 공연·전시·영화·도서 등 다양한 문화혜술 프로그램의 관람료 및 음반, 도서 구입비를 지원하는 문화복지프로그램이다.

즉 연극, 뮤지컬, 음악, 전시, 무용, 영화, 문화일반, 전통 등의 장르구성을 통하여 문화바우처 이용자들의 다양한 문화예술 욕구를 충족시키고 있다. 그리고 대중음악, 종교행사, 쇼, 오락 프로그램, 기타 박람회 등 지나치게 상업적이거나 예술분야와 관련이 적은 프로그램과 공연장, 전시장 등 개최 장소의 여건상 참여하기에 부적합한 프로그램 등은 제외하고 있으며, 지역문예회관에서 개최되는 공연 중 복권기금으로 추진하는 지방문예회관 특별공연프로그램지원에 해당하는 공연도 이중지원으로 간주하여 제외하고 있다. 순수예술로 분류하기 힘든 영화는 수요가 많기 때문에 이를 감안하여 사업비를 기준으로 20% 이하, 미미한 수요와 공급을 가지고 있는 전시는 10% 이상의 의무적 기준을 세워 이용자들이

---

7 김화자, 「저소득층의 문화복지서비스 증진 방안 연구-문화바우처 제도를 중심으로-」, 단국대학교 석사학위논문, 2008, 6~8쪽.
8 정광호·최병구, 「문화격차 분석과 문화바우처 정책설계」, 「지방정부연구」, 제10권 제4호, 2006, 63~65쪽.

다양한 문화예술프로그램을 접할 수 있도록 장려하고 있다. 그러나 실제 통계수치상으로도 볼 수 있듯이 문화바우처 회원들에게 제공된 프로그램들 중에 선호도가 가장 높은 프로그램은 영화와 뮤지컬로 대중예술을 선호하는 경향이 크게 나타난다.[9]

문화바우처의 대표적인 사업성과로는 복권기금 문화나눔사업이 2008년도에 이어 2009년도에도 복권기금사업 성과평가에서 2년 연속 1위를 차지하였다는 것이다. 2009년도 복권기금 성과평가는 법정배분사업을 수행한 9개 기관의 30개 사업과 공익사업을 수행한 11개 기관의 19개 사업을 대상으로 이루어진다. 복권기금 문화나눔사업은 전체 사업 중에서 90점이 넘는 최고 평가점수로 유일하게 1등급을 받았다. 복권기금 문화나눔사업은 2004년도부터 시작되었으며, 2009년도에는 218억 원의 예산으로 총 8개의 단위사업을 추진하였으며 2년 연속 복권기금사업 1위 달성은 2004년도부터 온 국민의 문화향유를 위해 노력해 온 결실이 열매를 맺은 것이라 할 수 있겠다. 이는 문화바우처가 사회에 반영되는 의미가 크고 앞으로 국가의 문화예술 신장에 큰 영향을 미칠 것이라고 본다.

2) 서울시 어린이 문화예술교육 '꿈나무 예술탐험대'

초등학생을 위한 서울시의 문화예술 교육프로그램인 '꿈나무 예술탐험대'는 2008년부터 시작하여 세종문화회관, 국립중앙박물관, 서울시립미술관 등에서 진행되며, 서울시 복지재단, 서울시 건강가정지원센터, 서울시 교육청 등을 통해 단체로 모집하고 있으며, 저소득층과 다문화가정, 한부모가정 어린이들을 우선 배정하는 교육프로그램이다.

모집과정에서 서울시 내의 모든 초등학교에 공문을 보내 우선적으로 배정을 하며, 복지단체가 2순위 개인 참여자 순으로 배정된다. 가장 중요한 점은 상대적으로 문화예술프로그램을 접하기 어려운 저소득층 자녀들을 우선으로 배정된다는 것과 서울시에서 모든 지원을 받아 진행함으로써 큰 의미를 가진다.

---

9 정주연, 「복권기금 문화나눔 사업 운영실태에 대한 연구 – 문화바우처를 중심으로 – 」, 경희대학교 석사학위논문, 2011, 44~46쪽.

'꿈나무 예술탐험대'의 교육프로그램의 특징을 염두에 두고 중심사례대상으로 선정한 이유는 다음과 같다.

첫째, 기획부터 예산까지 정부의 지원 하에 실시된다는 점이다. '꿈나무 예술탐험대'는 서울시 복지재단과 서울시 건강가정지원센터, 서울시 교육청 등의 지원으로 교육 대상자들에게 전액 무료로 참가가 가능하며 단체의 경우 버스를 이용하여 이동을 하고 도시락까지 지원함으로써, 문화예술복지로서의 의미가 강한 프로그램이다.

둘째, 저소득층 자녀가 우선시 되는 프로그램이다. 참가대상자 선정에서 저소득층 자녀가 우선순위가 되고, 저소득층 자녀뿐 아니라 다문화가정의 아이들, 한부모가정, 어린이등 사회취약계층에 우선적으로 배정하는 프로그램이다.

셋째, 프로그램의 내용에 전시부터 공연·체험까지 할 수 있는 프로그램이다. '꿈나무 예술탐험대'는 1회 수업으로 전시감상활동과 평가·토론활동, 체험활동 및 공연관람으로 이루어진다. 교육프로그램은 활동지를 활용하여 전시장에서 전시감상활동과 표현활동이 함께 이루어지며, 다같이 평가 및 토론을 하는 것으로 구성되고, 공연장에서 쉽게 관람하기 어렵던 발레, 클래식 등의 프로그램으로 구성되어 있다.

3) 덕수궁 미술관 '희망을 그리는 미술관'

덕수궁미술관은 1998년 덕수궁 석조전에 국립현대미술관의 분관으로 개관 후 과천의 국립현대미술관과 달리 근대미술 전문기관으로 운영되고 있으며, 2002년 '덕수궁미술관'이라는 직제가 확정됨에 따라 다양한 교육프로그램을 운영하고 있다. 일반인, 중·고등학생, 초등학생, 유아 대상으로 다양한 교육프로그램들이 운영되고 있다. 특히, 초등학생 대상 교육프로그램은 신청형태에 따라 개인, 학급단체, 복지관 및 공부방으로 구분된다. 덕수궁 미술관의 '희망을 그리는 미술관'은 복지관, 지역아동센터의 초등학생을 대상으로 단체신청을 받아 저소득층 자녀를 위해 진행되는 교육프로그램으로 만 7~12세의 초등학생 30명 내외를 대상으로 수업시간은 1회 4시간이다. 덕수궁 미술관의 기획전과 연계하여 미술관

내부에서 교육프로그램이 이루어지며 전시연계교육을 중심으로 구성되어 있다.

'희망을 그리는 미술관'은 1회 수업으로 전시감상활동과 표현활동, 평가·토론활동으로 이루어진다. 교육프로그램은 활동지를 활용하여 전시장에서 전시감상활동과 표현활동이 함께 이루어지며, 시청각실에서 표현활동에 대한 평가 및 토론을 하는 것으로 구성된다.

덕수궁미술관 교육프로그램의 특징을 염두에 두고 중심사례대상으로 선정한 이유는 다음과 같다.

첫째, 덕수궁미술관은 국립미술관으로서 박물관·미술관 분야의 종사자들이 저소득층 자녀 교육프로그램과 박물관·미술관의 사회적 책임에 대해 비교적 명확한 인식을 가지고 있다. 또한 다른 교육프로그램보다 저소득층 자녀교육프로그램에 대한 지원을 우선하려는 경향을 보인다. 따라서 사회적 포용기관의 역할을 중심으로 박물관·미술관의 저소득층 자녀 교육프로그램을 살펴보기에 덕수궁미술관의 '희망을 그리는 미술관'은 모범적인 사례라 할 수 있다.

둘째, 덕수궁미술관의 '희망을 그리는 미술관'은 미술관 내부에서 진행되는 교육프로그램이다. 현재 저소득층 교육프로그램을 운영 중인 한국 박물관·미술관의 교육프로그램 구성은 외부에서 이루어지는 교육프로그램과 내부에서 이루어지는 교육프로그램으로 이루어져 있다. 외부에서 이루어지는 교육프로그램의 대표적 사례는 '찾아가는 박물관'이다. 하지만 외부 프로그램의 경우 교육 참가자들에게 체험만 이루어지기 때문에 전시와 체험을 함께 충족시키기에는 부족하다. 또한 내부에서 이루어지는 교육프로그램은 자녀가 보호자의 도움 없이 박물관·미술관에 자발적으로 방문하기가 쉽지 않으므로 외부에서 이루어지는 교육프로그램보다 접근성이 떨어지는 편이다. 하지만 내부에서 이루어지는 교육프로그램은 전시연계를 기본구성으로 이루어지기 때문에 방문하여 박물관·미술관이라는 공간을 체험할 수 있으며, 교육프로그램을 통해 전시를 체험할 수 있으므로 박물관 경험이 이루어질 수 있다.

셋째, 덕수궁미술관 교육프로그램의 특징인 전시감상교육 중심의 구성과 각 대상 교육프로그램이 동일하게 구성된 점은 저소득층 자녀의 특성을 보다 잘 파악할 수 있다. 또한, 저소득층 자녀 교육프로그램의 기획 문제에 있어 여느 초등학생 교육프로그램과 동일한 구성인 점은 논의의 소지가 될 수 있는데, 이에 대한 논의는 향후 저소득층 자녀 교육프로그램이 나아가야 할 방향에 대해 정확히 파악할 수 있는 기초가 될 수 있을 것이다.[10]

4. 활성화 방안

1) 정책적 지원책 마련

문화복지정책은 그 목표에 따라 크게 두 가지의 접근방식을 가진다. 첫째는 문화의 민주화 프로젝트의 연장선상으로 보다 많은 이들에게 문화예술을 접할 수 있는 기회를 제공하는 것에 초점을 맞추며, 주된 정책대상은 경제적·지역적·신체적 제약으로 고급문화를 접할 기회가 제한되어 있는 문화적 소외계층이다. 두 번째 접근방식은 문화 민주주의적 관점으로 일상 속에서 문화적 삶에 참여하고 이를 통해 그들 자신의 문화를 만들어나가는 것에 초점을 맞추며, 주된 정책대상은 소외계층으로 한정되기 보다는 국민 일반으로 확대된다. 두 가지 접근방식 모두 궁극적으로는 '문화 접근성의 확대'와 '문화생활에 참여할 수 있는 권리의 보장'이라는 문화권[11]의 확보를 추구하고 있으며, 두 가지 모두 문화복지정책이 포괄해야 할 중요한 가치이다.[12]

그 이유로 첫째, 문화예술에 대한 소비는 일차적으로 예술재화를 소비하는 개인에게 심리적 만족감과 감동을 선사하는 한편 창조적 사고의 발전, 비판적 평가능력의 향상,

---

10 이동은, 「저소득층 아동을 위한 박물관 교육프로그램 – 덕수궁미술관 중심 사례 연구 – 」, 경희대학교 석사학위논문, 2009, 49~56쪽.
11 문화권은 문화에 대한 인간의 권리로서, 모든 사람은 소득이나 교육수준 및 장애 여부 등에 관계없이 문화에 대한 공평한 접근권을 가지며 문화활동에 자유로이 참여할 권리를 가진다는 내용이다.
12 양혜원, 「정부 – 지자체 문화복지 정책사업의 개선방향 – 문화바우처를 중심으로 – 」, 한국문화관광연구원, 2011, 60~63쪽.

감정의 순화 등을 통해 사회의 안정과 통합에 도움을 주며, 감성적으로 성숙한 문화시민들을 배양하는 등 많은 장점을 가진다.

둘째, 문화예술재화는 경험재의 성격을 가지기 때문에 정부는 어린 시절부터 자녀 및 청소년들에 대해 문화예술의 소비 및 경험의 기회를 제공함으로써 미래의 수요자들의 문화적 기호·선호가 형성될 수 있도록 지원할 필요가 있다.

셋째, 문화예술은 우리의 삶과 국가 전체에 상당한 편익과 가치를 제공하지만 일반 소비자들의 무지 혹은 무관심으로 인해 사회적 수요가 비비할 수 있는 가치재에 해당하기 때문에 정부는 문화예술재화가 사회적으로 적정하게 소비될 수 있도록 개입할 필요가 있다.

다만, 예산상의 제약이라는 현실적 여건을 고려해 정책 우선순위와 해당 목표를 추진해나가는 정책방향을 정할 필요가 있다. 현재의 상황에서는 문화적 양극화 현상을 감안할 때 우선적으로 집중적인 재정적 투입이 이루어질 필요가 있는 부문은 취약계층에 대한 문화향수기회의 확대, 즉 문화접근성의 확대라고 할 수 있다. 예를 들면 소득과 상관없이 1년에 최소한 한 번 이상은 공연이나 전시 등을 통해 문화예술을 향유할 수 있도록 정부의 공적 개입이 필요하다. 이때 문화바우처 사업이나 국·공립 박물관·미술관이 중요한 역할을 담당할 것이다. 또한 초·중·고등학교에서의 문화예술교육 강화와 생활권 문화시설의 운영 활성화 및 프로그램 개선이 중요한 역할을 수행해야 한다.

추가적으로 문화복지정책 성과평가방법 개발이 필요하다. 과거에 비해 문화복지정책에 대한 관심과 수요가 크게 늘어나고, 다양한 방식의 사업들이 펼쳐지고 있음에도 불구하고, 이들에 대한 효과성 평가는 이루어지지 않고 있다. 효과성 평가에 따라 지원에 차등을 두는 방법 등으로 더 나은 서비스가 제공되도록 할 필요가 있다.

2) 교육프로그램 개발 및 전문인력 양성

현재 많은 박물관·미술관에서의 교육프로그램은 앞의 사례에서도 소개하였듯이 기획

전시를 중심으로 실시되고 있기 때문에 상시적인 교육이 이루어지기 힘든 상황이다. 또한 에듀케이터나 전문적인 교육 인력이 부족한 상황에서 교육프로그램 운영에 미비한 점이 많이 나타나는 실정이므로 전문적인 교육프로그램 개발인력 및 교육인력의 확충이 필요하다.

또한 앞서 소개한 사례에 참가한 자녀들 중 박물관·미술관을 거의 경험하지 않은 자녀가 대부분을 이룬다. 그로 인해 저소득층 자녀들이 교육프로그램에 참여하기 부담스럽고 경험 부족으로 인한 교육프로그램의 원활한 진행을 방해하는 요소가 되기도 한다. 따라서 저소득층 자녀들을 위한 교육프로그램의 개발은 물론, 자녀들이 통제에 잘 따를 수 있는 방법 마련도 시급하다. 또한 저소득층 자녀를 위한 교육구성도 중요하지만, 그것이 '저소득층'이라는 낙인을 찍는 일이 되지 않도록 조심스러운 진행이 필요하다고 본다. 13

국·공립 기관의 경우 재정적인 면이 상대적으로 안정적인 편이고, 교육인력이 타 기관에 비해 여유있게 진행될 수 있지만 타 기관에서는 가장 우선적으로 재정적인 문제가 가장 큰 저해요소이다. 따라서 정부·재단 등의 공적 자금을 지원받아 저소득층 자녀 교육프로그램 예산으로 사용하는 기관이 확대되어야 하며, 기업의 사회적 책임이 강조됨에 따라 기업의 지원도 증가하여야 한다. 다양한 협력망을 구축하여 국립기관들 및 기업들과의 협력으로 저소득층 자녀들이 보다 다양한 혜택을 누릴 수 있을 것이다.

인력의 문제 또한 예산과 함께 박물관·미술관의 재정적 여건과 관련되어 큰 저해요소로 인식되고 있다. 인력의 양적·질적 문제는 다양한 다른 영역의 기관들과 협력으로 극복할 수 있다. 예를 들면 NGO기관이나 기업들과의 협력망을 구축하여 사회봉사단을 활용한 인력확충, 학교와 연계하여 교사들의 지원을 받는 인력확충, 복지기관과의 협력망으로 인력확충의 방안으로 저소득층 자녀 교육프로그램의 양적·질적 문제들을 개선할 수

---

13 김은영, 「문화예술교육 프로그램의 영향에 대한 질적 연구 – 안산 자바르떼 프로그램에 참여한 저소득층 아동을 중심으로」, 『예술경영연구』 제 19집, 한국예술경영학회, 2011, 10~13쪽.

있는 가능성을 말해준다.

5. 결론

정보와 지식이 발전의 원동력이 되는 '문화의 세기'에 들어서면서, 사회적으로 '문화'에 대한 관심이 증대되고 있으며, 정책적으로도 문화의 힘으로 '삶의 질'을 향상시키기 위한 다양한 노력들이 이루어지고 있다. 이러한 노력은 그동안 '문화향유'와는 거리가 먼 것으로 인식되어온 저소득층의 경우 더욱 중요하다. 지금까지 저소득층 청소년들의 '문화적 권리'에 대한 사회적 관심은 매우 부족했다고 할 수 있기 때문이다. 저소득층 청소년들은 다양한 문화·예술활동에 참여하여 문화감수성을 함양하고 자율적으로 자신들의 문화를 형성, 발전시키며 문화적 삶을 향유할 수 있는 권리를 충분히 누리지 못해 왔으며, 그들의 문화는 마치 비행 또는 일탈문화의 전형인 것처럼 인식되어온 경향이 있다.

본 연구는 저소득층 자녀들의 문화예술복지서비스의 현주소와 앞으로의 활성화방안을 모색하는 것을 그 목적으로 하였다. 이를 위해 저소득층의 개념과 특징과 문화예술복지서비스의 필요성과 사례, 활성화 방안들에 대하여 연구하였다.

서소득층은 기초생활수급자, 즉 국민의 건강하고 문화적인 생활을 유지하기 위하여 소요되는 최소한의 비용을 의미하는 최저생계비가 소득의 이하이거나 최저생계비의 120% 이하의 계층을 의미한다. 저소득층의 문화복지의 필요성은 오늘날 복지사회가 요구하는 새로운 경향으로써 물질적인 복지뿐만 아니라 정신적이고 문화적인 삶을 영위할 수 있는 복지가 요구되고 있어서 저소득층에게도 문화복지가 필요하고 이러한 복지로서 여러 가지 의미가 있다.

첫째, 지역 내 공공기관 및 문화예술시설에서 이루어지는 저소득층을 위한 문화예술향유 프로그램을 접함으로써 하나의 지역활동에 참여한다는 것이며 둘째, 저소득층이 문화예술 향유 프로그램에 지속적으로 참여함으로써 점점 사회와의 연대감을 갖는다는 것이며 셋째, 문화예술향유 프로그램이 가지고 있는 정신적, 지적, 예술적 감성을 접하면서 저소득층이 가지고 있는 심리적 문제에서 벗어날 수 있는 기회를 갖는다는 점에서 문화예술복지서비스의 필요성이 나타난다.

사례에서 문화바우처와 '꿈나무 예술탐험대', '희망을 그리는 미술관'을 제시하면서 저소득층 중심의 문화예술 복지서비스가 진행되고 있는 현주소에 대해 알아보았고 정책적 지원책을 마련하고 교육프로그램 개발 및 전문 인력을 양성함으로써 문화예술복지서비스의 활성화 방안을 제시하였다.

문화바우처 제도란 정부가 직·간접적으로 소비자에게 구매권을 부여하여 필요로 하는 공공서비스를 확보하는 것으로 저소득층에게 문화예술향유의 기회를 부여한다는 제도이다. 하지만 '문화바우처'의 경우 연간 사용한도액이 1가구당 5만원이다. 4인 가구를 가정하면 4인이 영화 한편씩을 보면 다 소진된다. 웬만한 공연이나 뮤지컬을 보기에는 턱없이 부족한 금액이다. 2010년까지 1인당 5만원이 1가구당 5만원으로 혜택의 축소로 인한 민원도 폭주하였다. 하지만 예산문제로 과거처럼 1인당 5만원으로 한도액을 조정할 수 없기 때문에 정책사업의 목표를 정책대상의 범위를 수정하여 좁은 정책대상에 대해 장기적으로 충분한 지원이 뒤따라야 한다고 본다.

'꿈나무 예술탐험대'의 경우 프로그램을 통해 전시, 체험, 공연 등의 복합적인 문화예술복지서비스를 누릴 수 있지만 일시적인 기간에만 이루어진다는 점과 인원의 제한 등으로 인해 저소득층의 자녀들이 모두 누릴 수 없다는 단점을 가진다.

'희망을 그리는 미술관'의 경우도 기획전시와 연결된다는 점과 '꿈나무 예술탐험대와 마찬가지로 일시적인 기간과 제한된 인원이라는 점에서의 단점이 나타난다.

이러한 사례들로 나타난 단점을 극복하고 활성화시키는 방안으로 정책적 지원책을 마련하고 교육프로그램 개발 및 전문인력을 양성하는 방안을 제시하였다.

우선 문화복지정책은 그 목표에 따라 크게 두 가지 접근방식을 가진다. 문화의 민주화 프로젝트의 연장선상으로 보는 접근방식과 문화 민주주의적 관점의 접근방식이 있다. 과거 물질적인 지원책에서 벗어나 이제는 문화적·정신적 복지정책이 필요한 시점이다.

기획전시나 일시적인 프로그램도 좋지만 국·공립 기관에서 상설전시기간 중의 프로그램 개발 및 전문인력을 양성하여야 하며, 그 외의 기관에서도 정부나 재단 등의 공적자금 연결, 기업과의 협력망을 구축하여 사회봉사의 일환으로 인력과 재정을 확충하는 방안을 마련해야 한다. 그리고 문화복지정책 성과평가방법 개발을 통해 다양한 방식의 사업들을 차등적인 지원으로 더 나은 복지서비스를 제공해야 할 것이다.

우리나라의 1인당 국민소득이 증가하고 선진국으로 진입할수록 문화에 대한 국민적 수요는 폭발적으로 증가하고 있다. 이에 따라 어떻게 국민에게 양질의 문화예술을 향유할 수 있는 여건을 제공할 것인가에 대한 과제는 중요한 국가정책 중 하나가 되었다.

문화의 발전은 한 나라의 국민의 감성, 한 시대의 정서를 형성하는 데 크게 영향을 준다. 그러므로 우리나라에서도 개방적이면서 진취적인, 자유롭고 독립적인 국민의식, 보다 성찰적이고 책임적인 국민의식, 사회통합적인 가치와 연대를 중시하는 국민윤리 등을 만들어 가는 문화노력이 필요하다. 그러므로 우리나라가 앞으로 선진국이 되기 위해서는 모든 국민이 소득과 지역에 관계없이 높은 수준의 문화예술을 접할 수 있게 해야 한다. 이로써 국민의 삶의 질, 문화적이며 예술적 질 자체가 크게 높아질 것이다.

▥ 참고문헌

- 「국민기초생활 보장법」
- 문화관광부 · 한국문화관광정책연구원, 「2012문화향수 실태조사」, 2012.
- 김은영, 「문화예술교육 프로그램의 영향에 대한 질적 연구－안산 자바르떼 프로그램에 참여한 저소득층 아동을 중심으로－」, 「예술경영연구」 제19집, 2011.
- 양혜원, 「정부－지자체 문화복지 정책사업의 개선방향－문화바우처를 중심으로－」, 한국문화관광 연구원, 2011.
- 정광호 · 최병구, 「문화격차 분석과 문화바우처 정책설계」, 「지방정부연구」 제10권 제4호, 2006.
- 김화자, 「저소득층의 문화복지서비스 증진 방안 연구－문화바우처 제도를 중심으로－」, 단국대학 교 석사학위논문, 2008.
- 박미애, 「저소득층을 위한 문화예술 향유기회 지원 관련 사례 연구」, 상명대학교 석사학위논문, 2009.
- 오금양, 「서울시 저소득층 문화복지 실태에 관한 연구」, 서울시립대학교 석사학위논문, 2011.
- 이동은, 「저소득층 아동을 위한 박물관 교육프로그램－덕수궁미술관 중심 사례 연구－」, 경희대학 교 석사학위논문, 2009.
- 정주연, 「복권기금 문화나눔 사업 운영실태에 대한 연구－문화바우처를 중심으로－」, 경희대학교 석사학위논문, 2011.

軍 장병을 위한 박물관복지서비스

조정아[1]

•

•

•

1. 머리말

우리나라는 한국전쟁 이후 휴전상태로 모병제가 아닌 징병제로 병력을 충당하고 있다. 이는 「병역법」(전문개정 1993. 12. 31, 법률 제4685호)에 명명되어 있으며, 2013년 현재 이 법에 따라 대한민국 만 18세 이상의 남성들에게 징병검사와 그에 따른 군복무가 국민의 의무로 지정되어 있다.[2] 인구감소와 복무기간 단축으로 줄고 있다고는 하나 장교를 제외한 병사의 수가 44만 1498명[3]에 다다르고 있는 현 현황을 보자면 인구 대비 여전히 많은 수라고 할 수 있다.

이들을 위해 국가에서는 「군인복지기본법」을 지정해 군의 사기와 복지를 위해 처우를 개선하고 있다. 특히 사회적으로 복지에 대한 관심이 높아지며 군에서도 2012년 군 복지 예산을 7,877억 원에서 2013년 9,122억 원으로 1,245억 원 증진되었으며 2013년 군 예산의 15.8%에 다다른다.[4]

하지만 이 복지 예산은 생활시설의 현대화, 보건, 급식 질 향상, 근무복 질 향상, 군 자녀교육 등 복지 전반을 아우르고 있는 예산이며, 군 문화예술의 복지는 그 실태 파악도

---

1 국민대학교 행정대학원 미술관 박물관학 전공
2 "모든 국민은 법률이 정하는 바에 의하여 국방의 의무를 진다"라고 국민의 국방의무를 규정 (「대한민국헌법」 제39조제1항).
3 군인 수 3년 새 1만 5000명 – 서울신문 2012년 10월 15일 8면
4 국방부, 2013년 국방예산

쉽지 않은 상태이다. 〈표1〉[5]과 〈표2〉[6]를 살펴보면 이들의 문화욕구는 상당히 높은 편이나 주로 오지에 위치하고 있는 군부대의 특성상 이에 관한 시설자체가 전무해 문화예술 복지가 제대로 이루어지지 않고 있다.[7]

| 표1 군과 사회의 문화/여가 시설 이용률 비교 |

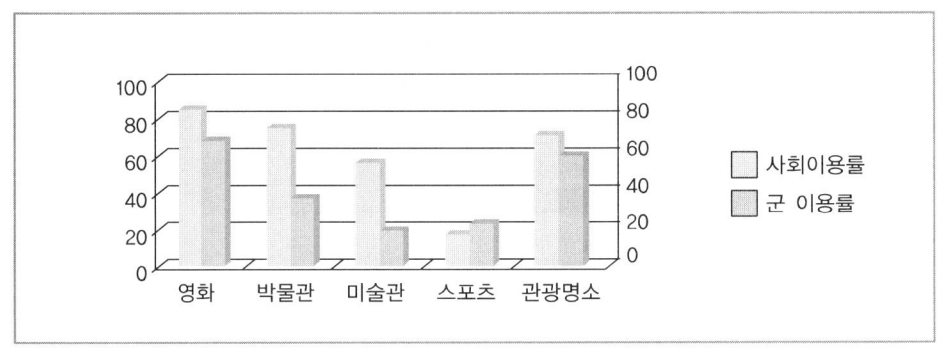

| 표2 군과 사회의 주거 여건 비교 – 불만스러운 점 |

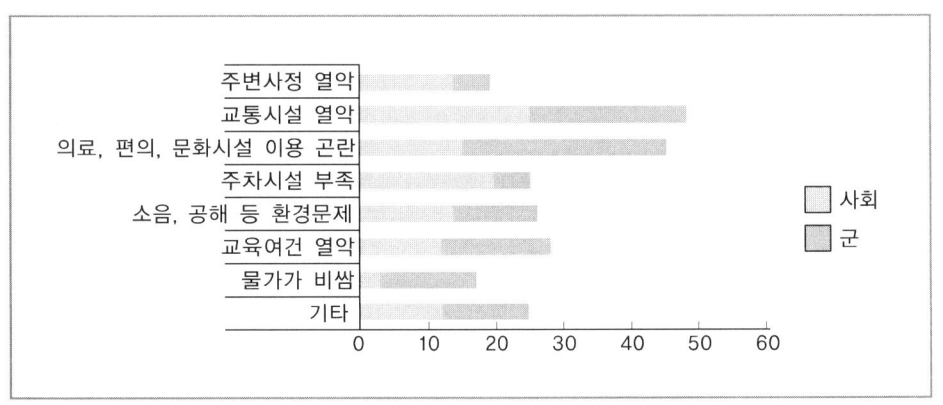

이는 생활 속에서 자유롭게 MP3, TV, 공연, 전시 등을 관람하던 장병들이 엄격한 계층구조와 조직적 집단생활이 강조되는 군 집단에 편입되면서 느꼈을 문화적 갈증을 대변한다.

---

5 국방부, 국방정책, 장병 복지증진, 군인복지 기본계획, 군인복지 현주소, 문화생활
6 국방부, 국방정책, 장병 복지증진, 군인복지 기본계획, 군인복지 현주소, 주거여건
7 육군본부, 「육군 복지의 현재와 미래」 1998, 1쪽.

입대 후 새롭게 접하는 공간에 대한 불안감과, 엄격한 조직문화, 열악한 근무여건은 자유로운 문화예술활동에 대한 갈증을 유발하나 현실은 지휘관의 장병을 위한 문화예술 프로그램 필요성에 대한 인식부족, 시설과 제도의 미비, 문화예술사업이 우선시 될 수 없는 국방정책 등으로 인해 문화예술에 대한 갈증을 풀어주지 못하고 있다는 것이다. 이는 문화예술 생활의 단절을 보여주는 상황이며 더 나아가 병영문화의 위기상황으로 볼 수 있다.[8]

이에 따라 본고에서는 군 상병의 문화예술복지를 박물관 서비스와 연결시켜 풀고사 한다. 우선 군 장병을 위한 문화예술 복지실태에 대한 조사와 박물관과 연관해 이루어지고 있는 군 장병을 위한 박물관 복지 실태를 조사하고 군 장병을 위한 박물관 복지에 대한 발전방안을 논해보고자 한다. 군 장병의 문화욕구와 군의 사기, 인근 지방자치단체의 경제적 발전이 동시에 이루어질 수 있는 가능성을 발견하고 박물관 측에서 박물관이 지니는 교육과 복지에 대한 공익을 실천하고, 군 장병이라는 잠재적 관람객 확보에 큰 도움이 될 것이라 여겨진다.

2. 현황파악

1) 軍 복지법과 복지실태

군 복지(military social welfare)는 국가, 국방부, 군인공제회 및 기타 자조조직(self-help organization) 등이 주체가 되어 군 조직 성원(군인가족 포함)에게 경제적 · 정신적 · 기본적인 욕구를 충족시키기 위한 사회 복시적 노력의 일환[9]이라고 국방부의 국방종합정책(1994)에 나타나 있다. 현재 군 복지는 군인기본복지법(법률 제11389호 공포일 2012.03.21 시행일 2012.09.22.)이 제정되어 있지만 문화예술복지에 관한 언급은 찾아볼 수 없다.[10]

---

8 하계훈 외, 「군 장병을 위한 문화예술교육 프로그램 운영방안연구」, 한국문화예술교육진흥원, 2006, 93쪽.
9 최정락, 「군 복지 증진을 위한 전문인력 도입에 관한 연구」, 광운대학교 석사학위논문, 2007, 5쪽.
10 「군인복지기본법」 [시행 2012.9.22] [법률 제11389호, 2012.3.21, 타법개정]

| 표3 군인기본복지법에 나타나 있는 복지 |

제9조	군 숙소 지원
제10조	주택의 우선 공급 등
제11조	보육 및 교육 지원
제11조의2	교육시설에 대한 지원 등
제14조	군인복지시설의 설치 · 운영

| 표4 제3조(군인복지 실태조사의 방법 등) |

① 법 제7조에 따른 군인복지 실태조사(이하 "실태조사" 라 한다)에는 다음 각 호의 사항이 포함되어야 한다.

1. 소득, 지출, 자산 등 경제 상태에 관한 사항
2. 혼인, 출산, 양육, 부양, 동거 가족형태 등 가족관계에 관한 사항
3. 소비, 여가 등 생활양식에 관한 사항
4. 자녀들의 교육 여건에 관한 사항
5. 군 숙소 이용, 자가(自家) 보유 여부 등 주거에 관한 사항
6. 군 의료기관의 여건 등 의료지원 실태에 관한 사항
7. 복지시설 및 체육시설(이하 "복지시설 등" 이라 한다)의 분포, 이용 정도 및 복지 수요에 관한 사항
8. 그 밖에 군인복지에 관한 사항으로서 국방부장관이 필요하다고 인정하는 사항

② 국방부장관은 군 복무 및 군인복지와 관련된 사회 환경의 변화 등으로 추가적인 조사가 필요하게 된 경우에는 제1항에 따른 실태조사 외에 임시조사를 실시하여 보완할 수 있다.

복지법과 별개로 군에서는 2006년부터 한국문화예술교육 진흥원과 협력하여 병영문화예술체험교육을 실시하고 있다. 이는 병사들이 복무 중에 문화예술생활 체험을 목적으로 하는 프로그램으로 짜여 있으며 신세대 장병들의 문화예술 욕구를 반영하고 있다. 이는 나날이 높아지는 복지에 대한 관심과 주5일제 시행으로 인한 건전한 여가시간을 위해 마련되었다.

하지만 대부분이 공연 프로그램 위주로 짜여 있으며, 약 20~30여 명이 한 개의 프로그램을 진행하므로 신청한 사단에 1~3팀 정도, 1개 사단에 30~60여 명만이 참여하는 것으로 혜택을 누리는 인원은 극히 미미한 실정이다.[11]

2) 軍을 위한 박물관 복지실태 조사

(1) 국방부 실적 자료

2013년 현재 국방부 자체에 문화예술복지 또는 박물관복지를 다루고 있는 부서는 없으며 정보 요구에 대해 다음과 같은 답을 받았다.

> 충남이남 지역(경상, 전라 포함) 전체 군부대 확인 결과, 박물관 미술관 문화관에서 군부대
> 강연 도는 출장전시 등 지원은 최근 1년간 없었고, 단지 반기 집중정신교육 기간(사전에
> 협조하여) 병사들이 버스로 이동하여 무료 관람은 자주 있었지만 이것과 관련 실적 등
> 현황자료는 확인할 수 없음(경상도 ○○부대, ○○○대령, 2013년 4월 16일)

(2) 문화예술교육진흥원의 장병예술프로그램

국방부와 MOU를 맺고 문화예술교육 프로그램을 진행하고 있는 문화예술교육진흥원은 장병들의 문화예술 욕구를 조사하고 프로그램을 만들고 제공하나, 부대의 신청이 있어야 하기 때문에 장교들의 문화예술복지의 필요성 자각 부족으로 전체 군에서 소수만이 이용하고 있다.[12]

| 표5 군 장병 문화예술교육 추진체계 |

문화예술교육 수요조사		부대 선정		사업계획 수립 및 시행		사업평가 교육효과 검증
한국문화예술교육진흥원/국방부	→	국방부	→	한국문화예술교육진흥원(문화예술교육 전문단체)	→	한국문화예술진흥원/국방부

---

11 오희진, 「군 문화예술의 필요성과 그 활성화 방안 : 공연과 교육 중심으로」, 단국대학교 석사학위논문, 2012, 28쪽.
12 문화예술교육진흥원, 「문화예술교육정책백서」, 2006, 143쪽.

문화관광부와 국방부가 2006년 맺은 MOU를 살펴보면 장병의 문화향유 기회 확대를 위해 문화예술 교육프로그램 개발, 문화예술 공연 및 전시활동, 문화예술 교육인력 양성, 장병 문화예술 동아리 활동 활성화, 병영도서관 운영교육 등의 사항에 협력했다.[13] 여기서 우리가 주목해야 할 점은 전시와 교육부분이다. 충분히 박물관과 연계될 수 있는 부분이었으나 2006년 군장병 문화예술교육 프로그램 지원 내용을 살펴보면 박물관, 미술관의 활동 사항에 대해 찾아볼 수 없다.[14] 장병들의 다양한 문화활동을 위해서도 박물관 복지는 꼭 필요하다.

(3) 서울 내 3개 박물관 현황

서울의 국립중앙박물관, 전쟁기념관, 국립민속박물관 확인 결과 서울이라는 군부대와 연관이 적은 지역이라는 한계가 있긴 하지만 〈표6〉과 같이 군 장병을 위한 박물관복지 서비스가 체계적으로 마련되어 있는 곳은 없었다.

|표 6|

이름	지역	군 장병을 위한 프로그램
국립중앙박물관	서울	밀리터리뮤지엄 운영 • 군 부대에서 박물관 방문 시 큐레이터와 전시관람
국립민속박물관	서울	다문화가정을 위한 요리프로그램을 군 장병을 위해 이용 중 • 인근 부대와 협력체제 구축 후 부대에서 요청 후 박물관 방문, 박물관에서 상황에 맞게 준비
전쟁기념관	서울	따로 마련되어 있지 않음

---

13 문화예술교육진흥원, 「문화예술교육정책백서」, 2006, 310쪽.
14 문화예술교육진흥원, 「문화예술교육정책백서」, 2006, 143쪽.

(4) 국립광주박물관의 '밀리터리 뮤지엄'[15]

이 프로그램은 국립중앙박물관과 달리 광주박물관 또는 군부대 방문으로 이루어지며, 주로 전시유물을 소재로 한 체험프로그램을 마련하여 진행한다. 군부대 밀집지역이 아니나 군에 대한 복지서비스의 일환으로 운영 중이다. 처음에는 2006년 광주 전남 소재의 향토사단을 방문하여 물레를 이용한 도자체험과 한지를 이용한 체험으로 시작하였으나 2008년 5월 장병을 대상으로 한 교육이 확대되면서 큐레이터가 부대로 찾아가 다양한 주제로 강의하거나 전통문화 체험학습을 진행하는 "Coming Military Museum"을 운영하였다.[16]

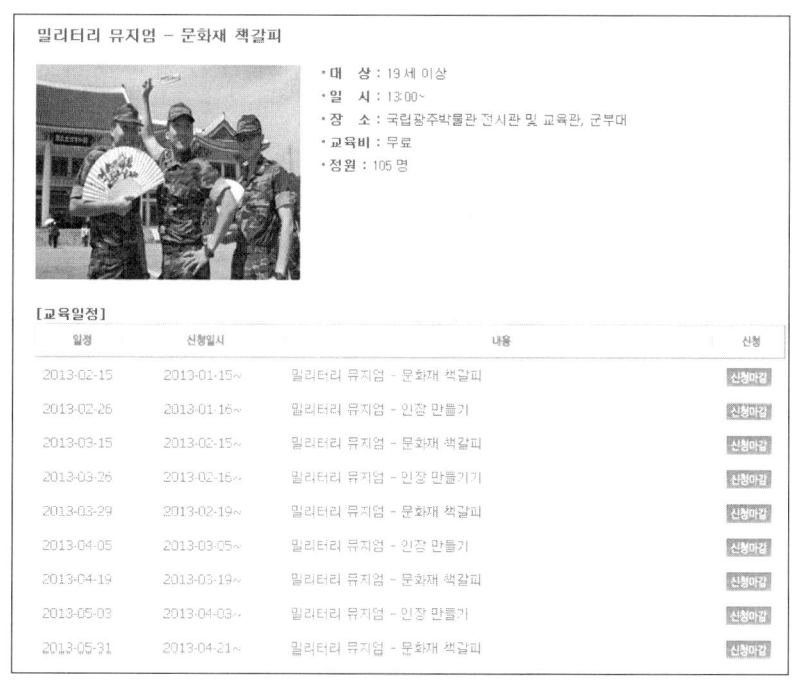

[국립광주박물관에 올라와 있는 '밀리터리 뮤지엄' 프로그램 소개 이미지]

---

15 「밀리터리 뮤지엄」 국립광주박물관에서 2006년에 처음 시행되고, 현재 12개 국립박물관에서 모두 운영되고 있다.

16 FM 국군방송 라디오 '국민과 함께 국군과 함께'(96.7MHz), 국방초대석, 국립광주박물관 이영신 학예교육사 인터뷰, 2011년 4월 20일 수요일 오후 4시 30분경 방송

(5) 국립청주박물관의 '장병들의 박물관 나들이'

대상을 현역 장병 이외 전의경까지 넓혀 프로그램을 진행하고 있다. 박물관 전시유물 설명 및 전통예술에 대한 교육과 그에 관한 체험프로그램으로 이루어진다. 2008년부터 시작된 청주박물관의 장병프로그램은 지역 군 장병과 전의경에게 바른 역사의식을 전하고, 박물관에 대한 이미지를 제고하는 데 큰 역할을 하고 있다. 또한 교육 프로그램 및 이벤트 프로그램을 지속적으로 개발 중으로 평이 높다.

(6) 지자체의 군 장병을 위한 박물관 복지

현재 인제, 춘천, 강릉, 파주, 연천, 양구 등에서 지역과 연계한 프로그램 진행 중이다. 이들 지자체에서는 군 장병 외출, 외박과 훈련병 면회객, 장교가족 등이 지역의 경제를 책임지고 있으며, 더 나아가서는 제대한 장병들이 가지는 지역이미지에 긍정적 영향을 미칠 것으로 기대하기 때문에 자신의 지역에 대한 특색을 알리고 긍정적 이미지를 심어 지역관광지화를 위해 많은 지원을 하고 있다. 병사들의 관심과 호응도가 높으며 전입신병 뿐만 아니라 기존 장병들의 안보교육 및 문화교육 차원에서 큰 효과를 보고 있으며, 또한 모범장병들의 부모 초청 행사 때도 팸투어를 실시한 결과 장병들뿐만 아니라 부모님들로부터도 좋은 반응을 얻고 있다.[17]

---

17 박진완 기자, 「강릉시 군 대상 무료 팸투어 인기」, 뉴시스, 2009년 01월 03일.

| 표7 지자체에서 군 장병을 위해 운영하고 있는 박물관 연계 프로그램 |

인제	찾아가는 다도체험	다도교육	인제군 군부대 방문	설화 차인회 (회장: 최미숙) 인제시 보조
강릉	군 장병 팸투어	오죽헌 시립박물관, 단오문화관, 통일공원 등		
파주	청년! 파주를 만나다	코스1 황희선생 묘 – 반구정 – 방촌영당 코스2 화석정 – 자운서원 – 율곡선생가족묘 코스3 경기평화센터 – 통일연못 – 자유의 다리 – 경의선 증기관차화통 – 철마는 달리고 싶다 – 평화의 종 – 망배단 – 임진각 평화누리 – 미국군참전비 – 임진강지구전적비 – 미얀마 아웅산순국외교사절 위령탑 코스4 파주 영어마을 코스5 헤이리 마을 일대 (한국 근현대사 박물관 등)	중대당 모범병사 9명	주최 : 파주시 주관 : 파주 문화청 2013년 4월 1회 시자
연천	군 장병 선사체험	전곡선사박물관을 관람 후 전곡유적지에서 선사 바비큐 체험을 하는 등 관련된 또 다른 유적관광 체험	9개 대대 1천어 명	
고성	팸투어	통일전망대, 해양박물관, 역사안보전시관, 건봉사 등	2011년 기준 89회, 3,463명[18]	

---

18 고성 군 장병 팸투어 효과, 강원도민일보, 남진천 기자, 2012.09.06.

3. 軍 박물관복지서비스의 필요성

1) 軍 장병 욕구조사

군 장병의 문화욕구 조사를 위해 DMZ 작전지역으로 전혀 외부의 문화예술 복지지원을 받을 수 없는 '7사단 수색대대 2중대 39작전 부대'의 23명 군인을 대상[19]으로 다음의 총 11문항의 약식 설문조사를 실시하였다.

(해당 질문에 답변 인원수는 괄호 안에 표시)

---

1. 복무기간 동안 문화예술 생활을 무엇으로 영위하십니까?

   ① 독서 (3) ② TV (6) ③ 운동 (8) ④ 부대 내 PC (6) ⑤ 기타 창작활동 (0)

2. 복무기간 동안 개인적으로 박물관 또는 미술관을 관람하신 적이 있으십니까?

   ① YES (2) ② NO (21)

   　- 2번의 문항에 YES라 답하셨을 경우, 군 장병 할인 또는 서비스를 이용하셨습니까?

   ① YES ② NO (2)

   　- 2번의 문항에 NO라 답하셨을 경우, 앞으로 이용하실 의향이 있으십니까?

   ① YES (11) ② NO (10)

3. 군 장병을 위한 문화예술 복지정책에 만족하십니까?

   ① 매우 아님 (1) ② 아님 (9) ③ 보통 (8) ④ 그러함 (5) ⑤ 매우 그러함 (0)

4. 복무기간 동안 느끼고 있는 문화예술에 대한 욕구는 어느 정도입니까?

   ① 매우 아님 (0) ② 아님 (2) ③ 보통 (10) ④ 그러함 (7) ⑤ 매우 그러함 (4)

5. 만약 군에서 지원한다면 박물관에서 제공하는 교육 or 재능기부에 참여하실 의향이 있으십니까?

   ① 매우 아님 (0) ② 아님 (11) ③ 보통 (8) ④ 그러함 (2) ⑤ 매우 그러함 (2)

---

[19] '7사단 수색대대 2중대 39작전 부대' 군인 23명 대상(하사관 1명, 병사 22명) 2013년 4월 20일.

6. 정신집중 교육기간 동안 이용하고 싶은 활동이 있습니까?

　　① 보안교육 (0) ② 관광지 관람 (2) ③ 휴식 (12) ④ 교양교육 (2) ⑤ 문화서비스 이용 (7)

7. 복무기간이 그 이전에 비해 문화생활의 단절을 느낍니까?

　　① 매우 아님 (0) ② 아님 (0) ③ 보통 (2) ④ 그러함 (11) ⑤ 매우 그러함 (10)

8. 박물관의 군부대 초청이 군 장병에게 복무지역에 대한 긍정적 이미지 형성에 도움이 될 것이라고 생각하십니까?

　　① 매우 아님 (7) ② 아님 (8) ③ 보통 (5) ④ 그러함 (2) ⑤ 매우 그러함 (1)

9. DMZ 부대에 방문 또는 체험프로그램이 필요하다고 여기십니까?

　　① 매우 아님 (2) ② 아님 (5) ③ 보통 (6) ④ 그러함 (6) ⑤ 매우 그러함 (3)

9. 군부대 내에서 개인의 발전을 위해 어떠한 활동을 하고 계십니까?

　　① 대학진학 또는 자격증 취득을 위한 학업 (4) ② 외국어 공부 (4)

　　③ 건강을 위한 운동 (7) ④ 교양을 위한 독서 및 취미활동 (4) ⑤ 없음 (4)

10. 박물관에서 군을 위한 강좌를 마련해 대학의 교양강좌처럼 지속적 강의와 수료 인증서 발급이 될 경우 참여하시겠습니까?

　　① 매우 아님 (4) ② 아님 (6) ③ 보통 (8) ④ 그러함 (4) ⑤ 매우 그러함 (1)

위의 결과에서는 사회에서 자유로운 생활을 누리던 장병들이 군복무기간 동안 문화생활의 단절을 느끼고 있지만, 내무반 안에서 문화예술적 교양을 누리고 있지 못하고 있다는 것을 볼 수 있다. 하지만 누리고 있는 문화예술 복지에 대한 불만족에 비해 박물관외 군 장병 복지서비스에 대해 소극적인 반응을 보인다. 이는 일반 공연장이나 대형 미술전시와 달리 박물관이 가지고 있는 어렵고 학술적인 이미지와 접해보지 못한 이질감이 반영된 것으로 보이며, 근무시간의 지속적인 노동에 자유시간을 자기 개발보다는 휴식에 투자하는 경향을 보인다.

2) 軍 박물관 복지 서비스의 필요성

국가의 국방력을 위해 복무하고 있는 군 장병들이지만 입대 전에는 한 가정의 아들로서 또래의 친구이자 형으로서 자신의 욕구를 존중하고 존중받으며 살던 이들이다. 그런데 군에 입대함으로써, 자신의 욕구 대부분이 조직을 위해 채워지지 못 한 채로 생활하게 된다. 여기서 신세대 장병들은 심리적 탈진을 경험하게 된다. 이를 느끼는 병사들은 군생활에 대해 소극적으로 대응하며 부정적인 생각으로 군생활을 마치게 된다.[20] 군대 내에 존재하는 5%의 부적응자는 전시 상황은 물론 일상생활 중에도 군대 내에서 큰 위험이 될 수 있다. 또한 복무 중인 장병들이 대부분이 청년기의 자아가 강한 시기이자 자기발전을 꾀하는 20대로 개인의 발전이 중단된 것 같은 불안감과 군에 대한 부정적 태도는 복무 중에 어떻게 표출될지 모르기 때문에 군을 위해서도 좋지 않다.[21] 군에서는 이와 같은 상황을 인지하고 병영문화 개선을 '선진 병영문화 비전(2005.10)'과 정훈기획관의 '병영 문화예술활동 검토보고(2005.9)' 등 다양한 방면으로 노력하고 있다.[22]

이러한 활동에 박물관 복지는 장병의 감성적인 면을 만져주며, 부대 내 강직된 분위기 완화와 문화욕구 충족을 동시에 만족시키며 개인의 발전까지 꾀할 수 있는 복지 분야이다. 특히 박물관은 오지에 있는 군부대 특성상 극단과 교육 전문가가 파견되기 쉽지 않은 상황에서 각 지역의 군 장병의 문화예술 복지의 거점이 될 수 있을 것이다. 또한 각 지방자치단체는 그 지방의 특색을 알리는 홍보효과를 얻을 수 있으며, 박물관은 군 장병이 편견 없이 박물관을 접하게 하여, 박물관이 지니고 있는 딱딱하고 어렵다는 부정적인 인식을 변화시킬 수 있다. 장병들에게는 단순한 이벤트성 문화예술 체험보다 자신의 교양과 발전을 위한 방법으로써 박물관 복지가 필요한 이유이다.

---

20 김용안, 「군 장병들의 감성이 심리적 탈진에 미치는 영향」, 호남대학교 석사학위논문, 2006, 18쪽.
21 군대 5% 부적응자는 내무반의 시한폭탄 「인터넷 한겨레」, 2005년 6월 20일.
22 하계훈 외, 「군 장병을 위한 문화예술교육프로그램 운영방안 연구」, 한국문화예술교육진흥원, 2006, 93쪽.

4. 軍을 위한 박물관 복지방안 제시

1) 軍 박물관 복지시간 구축

현재 몇몇 부대에서 박물관을 이용하는 경우, 근무 외 시간을 이용한다. 즉 병사들의 휴식시간 중 희망자를 뽑아 프로그램을 체험하는 경우가 대부분이다. 박물관 외에 문화예술 활동이 이루어져도 일회성 행사로 끝나고 마는 이러한 상황은 장교의 문화예술 활동이 지휘활동이라는 것에 대한 인식부족과 군이라는 특성상 문화예술 욕구는 항상 후 순위로 밀리는 것이 당연했던 과거가 만들어낸 현상이다.

이에 대해 군 장병이 근무시간의 일환으로 박물관 복지 서비스를 이용할 수 있도록 하는 방안의 마련이 시급하다. 의무적인 종교시간의 제3의 방안으로 박물관 교육서비스 이용이라는 것을 마련하거나, 정신교육기간 외에도 지속적으로 박물관 학예인력들이 인근 군부대에 찾아가 지속적인 프로그램 진행들이 필요할 것으로 보인다.

2) 지역서비스 개발

지속적인 박물관 체험프로그램을 제공하고 프로그램이 마무리될 때 장병들이 체험프로그램에서 만든 인형, 그림 등을 전시하는 행사를 군 장병 가족 초청행사와 맞물려 진행한다면 장병들의 사기 진작과 면회객들로 인한 지역경제 활성화까지 노려볼 수 있다. 이는 박물관의 운영기금[23]과 군의 복지기금[24]과 지역 발전기금으로 더욱 풍성해질 수 있을 것이다. 실제로 위의 '지자체의 군 장병을 위한 박물관 복지' 부분을 살펴보면, 1개의 박물관 프로그램을 넘어, 지역이 이해아 발전을 위한 지역 박물관 및 관련 유적지 탐방 등으로 프로그램이 꾸며져 있다. 이러한 프로그램을 지속적으로 운영하여 지역특색을 홍보하고 군과 박물관 지역이 협조해 축제프로그램을 개발한다면 다수에게 이익이 돌아갈 것으로 여겨진다.

---

23 「박물관 및 미술관 진흥법」[시행 2010.12.11] [법률 제10367호] 제10조(설립과 운영)
24 「군인복지기본법」[시행 2012.9.22] [법률 제11389호] 제8조(군인복지위원회)

3) 프로그램 예시

양구의 군을 위한 박물관 복지서비스 개발
[목표] • 양구군의 박물관을 이용한 군 장병의 복지서비스 개발 • 장병들의 양구군에 대한 지역 이해 및 홍보효과 • 군, 지역, 박물관이 아우러진 지역행사로 인한 지역경제 이바지
[사업 내용] • 양구에 대한 지역이해도 높이기
[사업 참여재] • 인근 군부대 • 양구군 • 박수근미술관, 박수근미술관 레지던시, 양구 백자박물관, 양구 선사박물관, 양구 천문대 양구 명품관 등

[군 장병을 위한 박물관 연계 프로그램]
• 양구의 백자
  프로그램 예시(3개월 기준)
  ① 참여 군 장병 성향 파악 및 전시물품 해설 – 1주차
  ② 백자에 대한 기초교양교육 – 2~3주차
  ③ 백자도자기 만들기(흙 다루기~물레~가마) – 4~8 주차
  ④ 자기 작품 만들기 – ~12주차
    – 작품 전시 및 수료증 발급
    – 차후 백자체험 재능기부 병사
• 양구의 미술
  프로그램 예시(3개월 기준)
  ① 박수근 미술관 전시물품 및 미술관 건축에 대한 해설 – 1주차
  ② 현대 미술작품 해설, 레지던시 방문 및 집주 작가와의 대화 – 2주차
  ④ 레지던시 입주 작가 연계 미술교육 및 작품만들기 – ~10주
  ⑤ 작품 전시기획 및 전시 – ~12주
  -작품 전시 및 수료증 발급
  -차후 박수근 미술관 재능기부 병사

- 양구에 대한 이해

  프로그램 예시(1개월 기준)

  ① 선사박물관 전시물품 해설 및 선사생활체험(바비큐 : 돌도끼와 불피우기) – 1주

  ② 광치자연휴양림, 양구 생태식물원(야생화 및 전시 식용가능 식물 교육) – 2주

  ③ 두타연 방문, 전쟁유적지 방문, 2주차 교육 실습 – 3주

  ④ 양구 명품관 지원 하에 곰취와 백민들레로 요리하기 – 4주

[축제 프로그램]
- 양구 대표 축제인 곰취 축제와 연계
- 또는 계절별로 분산되어 있는 축제를 하나로 모아 진행
- 축제기간 내 박물관 연계 프로그램의 결과물 전시
- 축제기간 내 군부대 오픈 행사

[기대성과]
- 군 장병의 군 생활 성취도 향상
- 군 장병의 문화예술 생활 단절에 대한 불안감 해소
- 군 장병의 박물관, 미술관 체험으로 인한 문화인구 향상
- 군 장병의 근무지역의 이해도 향상
- 지역의 홍보효과 및 경제 시너지효과

위 프로그램은 단순 전시 관람에서 체험프로그램 위주로 작성되었다. 군부대는 다양한 생활영역에서 활동하던 사람들이기에 박물관을 전혀 접해보지 못한 사람들도 다수 포함하고 있을 것이다. 이에 박물관의 딱딱한 이미지를 없애고, 친숙하게 다가가도록 하며, 박물관 측에서는 일회성 행사가 아닌 지속적인 프로그램이 진행되도록 하는 데 목적을 맞추었다. 또한 지역과 연계하여, 더 큰 시너지가 나타날 수 있도록 작성되었다.

5. 결론

군 장병은 그 자체가 특수 집단으로 문화생활을 영위하던 젊은이들이 조직문화에 적응하면서 다양한 행동들이 나타난다. 이것이 긍정적으로 발전하지 않을 시 전 군 자체가

위험에 빠질 수도 있다. 신세대 장병에 대한 연구와 문화예술 복지방안 마련에 모두가 애쓰지만 군대라는 특수성에 문화예술은 항상 후순위일 수밖에 없다. 지휘관들 또한 전투력을 위한 교육과 장병의 심리에 대한 교육을 배우고 임관하지만 문화예술에 대한 복지가 장병의 심리에 얼마나 영향을 미치며 그들의 욕구가 어느 정도인지 잘 알지 못할뿐더러 중요도에 대한 인식 또한 떨어진다. 이에 관해 2006년부터 국방부는 문화예술진흥교육원과 MOU를 맺고 문화예술 프로그램을 진행하고 있지만, 소수의 군 장병만이 이용하고 있으며, 그 마저도 박물관 또는 그 관련된 프로그램은 전무하다.

전국의 12개의 국립박물관에서는 2006년 광주박물관을 시작으로 밀리터리 뮤지엄이 실행되고 있지만 지역에 따라 프로그램의 편차가 크다. 또한 사립박물관에서는 지역과 경제적인 이유 등으로 몇몇 박물관을 제외하고는 군인을 위한 교육프로그램이 지속적으로 운영되고 있는 곳이 전무하다.

"박물관"이란 문화 · 예술 · 학문의 발전과 일반 공중의 문화향유 증진에 이바지하기 위하여 역사 · 고고(考古) · 인류 · 민속 · 예술 · 동물 · 식물 · 광물 · 과학 · 기술 · 산업 등에 관한 자료를 수집 · 관리 · 보존 · 조사 · 연구 · 전시 · 교육하는 시설을 말한다. [25] 또 박물관 및 미술관 이용의 체계적 지도, 그 밖에 교육지원시설로서의 기능 수행에 필요한 업무[26]를 수행한다. 이에 맞게 문화예술 분야의 소외 계층인 군 장병을 위한 박물관 복지가 활성화되어, 많은 장병들이 박물관에서 활동하는 모습을 보게 되었으면 하는 바람이다.

---

25 「박물관 및 미술관 진흥법」 [시행 2010.12.11] [법률 제10367회] 제1장 2조
26 「박물관 및 미술관 진흥법」 [시행 2010.12.11] [법률 제10367회] 제2장 10조

Ⅲ 참고문헌

- 「박물관 및 미술관 진흥법」
- 「군인복지기본법」
- 7사단 수색대대 2중대 39작전 부대 군인 23명 대상(하사관 1명, 병사 22명) 2013년 4월 20일 인터뷰
- 「인터넷 한겨레」
- 「강원도민일보」
- 「뉴시스」
- 문화예술교육진흥원, 「문화예술교육정책백서」, 2006.
- 육군본부, 「육군 복지의 현재와 미래」 1998.
- 김용안, 「군 장병들의 감성이 심리적 탈진에 미치는 영향」, 호남대학교 석사학위논문, 2006.
- 오희진「군 문화예술의 필요성과 그 활성화 방안 : 공연과 교육 중심으로」, 단국대학교 석사학위논문, 2012.
- 최정락, 「군 복지 증진을 위한 전문인력 도입에 관한 연구」, 광운대학교 석사학위논문, 2007.

제4부

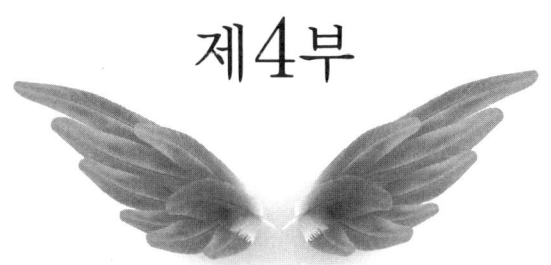

폐광지역 보존을 위한 에코뮤지엄 개발

-태백지역을 중심으로-

유익성 · 이예경[1]

·

·

·

1. 머리말

태백은 탄광산업에 의존한 산업구조를 지닌 지역으로 1960년대 산업화의 전초기지였다. 당시 기본적인 원료산업과 에너지원으로 광산업은 중요하였기에 1, 2차 오일쇼크[2]를 겪으면서 태백은 신흥 광산도시로 발돋움하였다. 그러나 1980년대 후반 시작된 석탄산업의 사양화 추세와 정부의 석탄산업합리화정책[3]으로 영세탄광의 폐광이 속출하면서 태백은 심각한 사회구조적 변화를 겪게 되었다. 이러한 흐름 속에 1987년 석탄사업의 정리가 본격화되던 시기 태백의 인구는 12만 명에서 급속하게 줄기 시작하였다.[4]

---

[1] 국민대학교 행정대학원 미술관박물관학 전공

[2] 오일쇼크는 아랍석유수출국기구(OAPEC)와 석유수출국기구(OPEC)가 원유(原油)의 가격을 인상하고 원유의 생산을 제한함으로써 야기된 세계 각국의 경제적인 혼란으로, 흔히 '석유파동'이라고도 한다. 제1차 석유파동은 1973년에, 제2차 석유파동은 1978년에 일어났다.(네이버 백과사전 http://terms.naver.com/entry.nhn?cid=2090 &docId=930172&mobile&categoryId=2898)

[3] 석탄 산업의 채산성 악화에 따른 폐광으로 인한 사회적 문제 발생을 방지하기 위하여 정부가 1989년 취한 비경제 탄광의 정리와 경제성이 높은 탄광의 집중 육성을 골자로 하는 석탄산업 조정정책을 말한다. 가정용 연탄의 수요 감소, 심부 채굴과 임금 상승에 따른 석탄 산업의 여건 악화로 인하여 폐광이 증가하였다. 이에 따라 석탄 산지인 태백산 지역 일대는 실업자가 증가하고 절대 인구가 감소하는 등 지역 경제에 큰 타격을 입게 되었다. 정부는 이에 대한 대책으로 이 지역을 종합 관광 단지로 조성하려는 지역 개발 계획을 세워 이를 추진하고 있다. 최근에 강원도 정선군에 건설된 카지노 오락 단지는 이러한 차원에서 정부가 조성한 지역개발사업이었다. 하지만 오히려 지역경제를 더욱 피폐하게 만드는 등 현재 심각한 부작용을 낳고 있다.(네이버 백과사전 http://terms.naver.com/entry.nhn?cid=3435&docId=944608&mobile&categoryId=3435)

결국 탄광이 생계수단이었던 주민들은 경제활동에 지장을 받게 되었고, 1995년 2월 27일 강원도 태백과 정선의 고한, 사북, 신동 등의 주민 4,500여 명은 탄광촌 생존권 확보를 위한 대규모 시위를 진행하였다.[5] 그 결과, 정부 측은 주민들과 합의하였고 폐광지역의 경제 활성화를 위한 「폐광지역개발지원에 관한 특별법」[6]이 그해 12월 제정되었다. 이 후 태백은 '레저관광도시 개발'이라는 취지에서 카지노와 리조트 조성사업[7]을 실시하고 있지만 여전히 지역 주민들을 위한 발전은 부족한 실정이다.

이에 본고에서는 태백의 실태를 살펴보고, 태백주민들을 위한 적극적인 형태의 복지방안을 찾아보고자 한다. 이를 위하여 태백 자체를 문화적인 공간으로 조성하여 외부로부터 많은 방문객을 유도하고 이곳의 주민들 스스로가 보다 긍정적인 삶을 영위할 수 있는 방안을 모색해보고자 한다.

2. 광산도시의 역사와 폐광지역의 현황

1) 광산도시의 형성

우리나라에서 광산개발은 삼한시대부터 2,000여년에 걸쳐 발달해 왔으며, 금과 은 광업이 주를 이루고 있었다. 그러다가 1876년 강화도조약이 체결된 이후 개광정책(開鑛政策)이 표명되면서 본격적인 채굴이 시작되었다. 하지만 일제강점기라는 특수한 상황 속에 자원수

---

4 지속적으로 감소하던 인구는 2012년 12월말 기준에 따르면 4만 9,493명(태백시청 통계자료)으로 시는 폐위기에 놓여있다.

5 강원일보. 허광. 2005년 10월 14일 [강원도 60년전] (26) 고한·사북 생존권투쟁 참고

6 폐광지역 개발 지원에 관한 특별법 [시행 2013.3.23] [법률 제11690호, 2013.3.23, 타법개정]
산업통상자원부(석탄산업과), 02-2110-5495 출처 : 국가법령정보센터 http://www.law.go.kr
제1조(목적) 이 법은 석탄산업의 사양화로 인하여 낙후된 폐광지역(廢鑛地域)의 경제를 진흥시켜 지역 간의 균형 있는 발전과 주민의 생활 향상을 도모함을 목적으로 한다. [전문개정 2010.2.4]

7 폐광지역 개발 지원에 관한 특별법 시행령[시행 2013.3.23] [대통령령 제24442호, 2013.3.23, 타법개정]
산업통상자원부(석탄산업과), 02-2110-5495 출처 : 국가법령정보센터 http://www.law.go.kr
제12조(카지노업의 허가대상 지역) ① 법 제11조제1항 전단에서 "폐광지역 중 경제사정이 특히 열악한 지역으로서 대통령령으로 정하는 지역" 이란 다음 각 호의 요건을 모두 갖춘 지역으로서 도지사가 지정하는 지역을 말한다.

탈의 목적을 가지고, 금과 은을 비롯하여 전쟁의 물자인 은·동·아연·망간·텅스텐·몰리브덴·흑연·석탄·형석·중정석 등이 개발되었다. 광복과 더불어 모든 광산개발은 일시 중지되었으나, 1948년 정부 수립과 한국전쟁을 겪으면서 대한석탄공사를 설립하여 석탄산업을 양성하기 시작하였다. 뿐만 아니라 1960년대 제1차 경제개발 5개년계획으로 인하여 체계적인 광산개발이 시작되어 광업의 혁신적인 발전을 이루게 되었다. 이로 인하여 광산도시들이 전성기를 맞이하게 되었다. 그러나 1966년 10월의 연탄파동으로 정부의 에너지 정책이 석유를 주에너지원으로 하는 방향으로 설정되면서 민영탄광들은 대부분 폐광하며 침체기를 맞이했다.

　이러한 침체 속에 1973년과 1978년 두 차례의 석유파동으로 국제유가가 급등하게 되자 정부는 석탄증산에 박차를 가하자 광산도시는 다시 활성화되었다. 활성화된 시기도 잠시, 청정에너지 사용을 선호하는 경향과 광산이 점점 더 깊어짐에 따른 석탄의 생산비용 상승으로 가격 경쟁력을 상실하게 되면서 석탄사업은 다시 침체기를 맞이하게 되었다. 결국 1986년 1월 석탄산업합리화에 관한 법률이 제정되면서 탄광의 폐광은 급속하게 진행되었다.

2) 폐광지역의 변화와 지역발전을 위한 노력

　석탄산업합리화가 진행되면서 전국의 많은 광산들이 폐광되었다. 한국의 대표적인 광산도시인 태백시도 40여 개가 넘은 탄광에서 2만 여명의 노동자들이 전국 석탄생산량의 30%를 생산하고 있었으나 폐광이 진행되면서 12만 명의 인구가 현재는 4만 명으로 급감하였다.

　결국 1995년 사북사태 이후 「폐광지역개발지원에 관한 특별법」이 제정되었고, 폐광지역 내 지역경제를 되살리기 위한 노력이 시작되었다. 태백시와 더불어 강원도 폐광지역의 개발 기본 방향은 주민들의 주거여건을 개선시키고, 동해안과 연계한 휴양관광도시를 조성하는 것을 목표로 세웠다. 즉, 지역개발 및 자본유치를 촉진할 수 있는 기반시설 확충 및 쾌적한 도시환경 조성, 자연환경을 이용하여 특색 있는 국제관광도시로 개발하고,

주민들의 경제활동을 지원하도록 방향을 잡고 있다. 이때 모든 사업은 자연환경보전에 중점을 둔 환경친화적인 개발이 될 수 있도록 하였다.

관광도시를 지향하고 있는 태백시의 관광전략은 테마형 관광자원 개발을 위한 웰빙 휴양관광지, 테마별 관광코스, 축제사업과 석탄 테마파크 등의 조성이다. 또한 이러한 광광지로서 접근성을 높이기 위해 고속도로 및 순환도로를 정비하는 등 관광 교통체계를 구축하였다. 또한 레저스포츠산업단지로 육성하기 위해 서학레저, 모터스포츠 레저, 국민 안전체험 테마파크 등 다양한 사업을 계획하고 추진 중이다.[8]

여러 가지 사업 중에 가장 큰 효과를 보인 것은 '강원카지노리조트개발사업'이다. 이 지역의 카지노는 특별히 내국인의 카지노 방문을 허용하여 운영되고 있다. 2013년 3월말 기준으로 강원랜드의 고용인력은 총 3,188명이다. 여기에 협력업체 용역직원 1,581명을 합치면 강원랜드에 고용된 인원은 4,769명이다. 이 중 폐광지역 출신비율이 62.8%이고, 협력업체는 98.4%의 인원이 근무하고 있다.[9]

이와 같이 레저관광도시로서의 태백시가 개발되고 있지만, 지역주민에게 돌아간 혜택에 대한 점은 아직 의문사항이다. 이것은 국가적 차원에서 이루어지고 있는 사업이라 주민들의 참여보다 중앙정부와 지방정부, 공공 및 민간 사업체가 주도하여 수직적인 네트워크로 진행되고 있다. 주민의 참여가 미비한 개발은 진정한 의미의 지역개발이라고 할 수 없다. 행정적 지원과 더불어 그 지역주민이 참여할 수 있도록 의식을 갖게 해주고 지원해주어야 지속적인 지역발전을 이루어 나갈 수 있다.

---

8 배재규, 「폐광지역의 지역발전에 관한 연구 : 강원 영동 남부지역을 중심으로」, 강원대학교 석사학위논문, 2010, 109쪽.
9 (주)강원랜드 기획조정실 경영기획팀 자료 2013년 4월 29일.

3. 주민참여 중심의 폐광지역 활성화 방안

1) 에코뮤지엄 도입을 통한 폐광지역 복지서비스 개발

(1) 에코뮤지엄(Eco museum)

에코뮤지엄이라는 용어는 프랑스의 박물관학자 조르주 앙리 리비에르(George Henri Rivière, 1897~1985)[10]에 의해 처음으로 제시되었다. 19세기 말부터 박물관의 유산에 대한 인식이 변화하기 시작했다. 유물에서 확대되어 문화와 상소의 개념을 포함한 사회적·공간적·역사적인 측면과 모두 연계되어 보다 넓은 의미로 해석되었다. 이러한 변화에 대한 논쟁은 19세기 말부터 시작되었는데 이 논쟁은 1972년 산티아고 국제회의를 계기로 공식적으로 인정되었다. 이러한 변화에 맞추어 제시된 박물관이 에코뮤지엄이다. 조르주 앙리 리비에르는 "에코뮤지엄이란 행정당국과 주민이 함께 구상하고 구체화하여 활용하는 수단이다. 행정당국은 전문가와 함께 편의를 도모하고, 재원을 제공한다. 주민은 각자의 흥미에 따라서 자신들의 지식과 대처능력을 제공한다"라고 하였다.[11]

다시 말하면, 정부와 외부기관의 지원을 바탕으로 주민과 협력하여 지역을 보존하고, 자연 및 문화유산을 보존과 활용하는 것이다. 이는 박물관이라는 하나의 공간에 국한되지 않고도 박물관의 주요한 활동을 광범위하게 이룰 수 있게 한다.

| 종래 박물관과 에코뮤지엄의 비교(조르주 앙르 리비에르, 1984) |

기존형 박물관	건물＋수집품＋전문가
에코뮤지엄	영역＋유산＋지역특성＋연장자＋지역주민＋기업수집

---

10 조르주 앙리 리비에르(George Henri Rivière, 1897~1985)는 프랑스의 박물관학자이며 초대 ICOM (국제박물관회의, International Council of Museums)의 감독을 1948년부터 1965년까지 역임한 인물이다.
11 오하라 카즈오키 저, 「마을은 보물로 가득 차 있다.」 희망제작소, 아르케출판, 2008.

(2) 태백의 에코뮤지엄(Eco museum)화

현재 태백시는 현장학습관과 체험갱도, 탄광사택촌의 시설을 갖춘 태백체험공원[12]을 2006년 4월 7일에 개장하여 에코뮤지엄으로 운영하고 있다. 이곳에서는 예전 탄광 갱도의 모습이나 마을을 재현해 놓고, 실제로 사용하였던 기계나 물건들을 전시하여 관람객으로 하여금 탄광문화를 생생하게 느낄 수 있도록 유도하고 있다. 그러나 개관 직후부터 관람객 수가 저조하여 시설물관리에 문제가 제기되고 있다. 130억원의 예산을 투입하여 조성하였으나, 하루 평균 수입이 13,000원 정도밖에 되지 않고 있어 운영에 차질을 빚고 있다.[13] 이러한 결과는 마케팅의 문제일 수 있지만 진정한 에코뮤지엄이 아닌 박제화된 박물관이기 때문에 나타난 것이다.

관람객이 이러한 공간을 보고 체험할 수 있으려면, 지역주민들의 적극적인 참여가 반드시 필요하다. 즉, 탄광사택촌의 일부인 노동자들의 사택을 개조하여 게스트하우스로 운영하고, 그 마을에서 게스트하우스를 관리·감독하는 주민들이 있다면 보다 친밀하고 자연스럽게 지역의 문화를 소개할 수 있을 것이다. 연장자 또는 지역의 사정을 잘 알고 있는 주민들을 그 지역의 큐레이터로 양성한다면 보다 쉽게 에코뮤지엄을 성장시켜 나갈 수 있을 것이다.

또한, 주민들이 실제로 거주하는 마을의 공간 일부를 공개함으로써 관람객에게 호기심을 유발시킬 수 있고, 적극적으로 이해하고 소통할 수 있도록 할 수 있다. 이는 지역의 옛날 문화와 더불어 현재의 모습도 전할 수 있기 때문에, 단순히 박물관이나 여행지로서 관람하는 것이 아닌 이웃의 삶을 직접 느낄 수 있는 장이 될 것이다.

하나의 마을을 박물관 코스로 개발한다면 지역주민은 자신의 지역 역사를 알고 보존하기 위해 노력하게 될 것이며 지역의 주민으로서 자긍심을 가질 수 있을 것이다. 또한 관람객은 다른 지역의 문화를 체험하고 소통함으로써 오랫동안 남을 수 있는 기억을 간직할 수 있다.

---

[12] 강원도 태백시 소도동 산3 위치
[13] 조선일보. 홍서표. 2011년 10월 19일, '130억짜리 태백 탄광공원, 하루 수입 13,000원 참고

2) 주민이 참여하는 공공미술프로젝트를 통한 의식고양

(1) 공공미술(公共美術)

공공미술이란 일반 대중에게 공개된 장소에 설치 전시되는 작품을 뜻한다. 주로 도시의 공원에 있는 환경조각이나 벽화 등이 대표적인 예이다.

전통적으로 공공미술은 공공(公共)의 개념을 장소와 관련시켜 작품을 만들고 관람객에게 보여주는 방식이었으나, 시간이 흐르면서 공공(公共)의 개념은 더욱 확대되어 물리적 장소로만 여기지 않고 사회적·문화적·정치적 소통의 공간으로 인식하여, 지역공동체와 관람객의 참여를 유도하고 있다.[14]

변화된 공공미술은 예술가들이 주민들과 함께 작업하는데, 이로써 순수미술과 공공성의 조화를 이루며 사회적 변화를 위한 수단으로 활용되고 있다.[15] 이러한 예술활동을 통해서 지역의 문화적 발전을 도모할 수 있고 지역 공동체까지 활성화시킬 수 있는 효과를 가져온다.

(2) 공공미술(公共美術) 프로젝트를 이용한 태백의 발전방향

우리나라에서도 2000년대에 이르러 도시디자인과 결합한 공공예술 프로젝트를 시행하고 있다. 2006년 문화관광부가 '공공미술추진위원회'라는 기구를 결성하면서 점차 활발해 졌고, 전국에서는 '아트 인 시티' 사업을 시행하였으며, 2009년부터는 마을미술 프로젝트를 통해 공공미술 프로젝트를 지원하고 있다.

폐광지역도 역사적 재료를 이용하여 예술가들과 지역주민이 협력하여 공공미술 프로젝트를 할 수 있도록 지원해주어야 한다. 이러한 프로젝트는 무엇보다도 지역주민의 적극적인 참여가 중요시 되는데, 지역의 역사나 이야기들을 모아서 예술작품으로 재구성하여야 하기 때문이다. 모든 과정은 주민이 할 수 없기 때문에 도시디자인 전문가와 예술단체들이

---

14 doopedia 두산백과 인용
15 남미영, 「새장르 공공미술의 공공성 : 〈황금시장 황금시대〉 공공미술 사업 사례를 중심으로」, 서울시립대학교
　석사학위논문, 2009, 11~12쪽.

제4부　151

주민들의 이야기를 이끌어내어 작업을 구체화할 수 있도록 해야 한다. 특히, 지역의 어린이나 학생들의 참여를 유도해낸다면 학습효과까지 이끌어낼 수 있다.

공공미술 프로젝트는 지속적으로 관리가 이루어져야 한다. 작품을 생산해내는 작업 뿐 아니라 관람객에게 홍보할 수 있어야 한다. 안내문과 같은 상시비치용 홍보수단도 필요하지만 지역주민이 큐레이터가 되어 설명할 수 있다면 관람객에게 쉽게 다가갈 수도 있다. 주민과 관람객이 서로 소통함으로써 한 번의 미술 프로젝트가 아닌, 계속해서 발전해 나갈 수 있는 발판이 될 수 있다.

큐레이터 역할을 하는 주민은 지역을 소중하게 여길 수 있는 계기가 될 것이며, 마을을 깨끗하게 유지할 수 있도록 늘 노력할 것이므로 지역 발전도 자연스럽게 이루어질 수 있다.

4. 맺는말

산업화가 진행되면서 번성했던 탄광마을은 이제 그 영화를 찾아볼 수 없을 만큼 소외되고 낙후되었다. 주민들의 생존권 보장을 위해 국가가 정책적으로 돕고는 있지만 지역주민의 적극적인 참여가 없다면 근본적인 지역발전을 이루었다고 하기 어려울 것이다.

석탄은 산업화의 흐름에 자원으로서의 가치가 줄어들었지만 번성했던 탄광마을의 역사 는 지역주민들이 보존한다면 영원히 남을 수 있을 것이다. 박물관이란 유물이 존재한다고 유지될 수 있는 것이 아니다. 더구나 에코뮤지엄은 지역주민의 생생한 기억이 살아 있어야 완성될 수 있다. 주민들 주변의 자연환경과 도시의 역사에 자부심을 가진다면 이전보다도 훨씬 더 살기 좋은 지역으로 만들 수 있을 것이다.

▥ 참고문헌

- doopedia 두산백과
- 강원일보. 허광. 2005년 10월 14일 [강원도 60년전] (26) 고한 · 사북 생존권투쟁 참고
- 조선일보. 홍서표. 2011년 10월 19일, '130억짜리 태백 탄광공원, 하루 수입 13000원' 참고
- (주)강원랜드 기획조정실 경영기획팀 자료 2013년 4월 29일
- 오하라 카즈오키 저, 「마을은 보물로 가득 차 있다」 희망제작소, 아르케출판, 2008.
- 배재규, 「폐광지역의 지역발전에 관한 연구 : 강원 영동 남부지역을 중심으로」, 강원대학교 석사학위논문, 2010.
- 남미영, 「새장르 공공미술의 공공성 : 〈황금시장 황금시대〉 공공미술 사업 사례를 중심으로」, 서울시립대학교 석사학위논문, 2009.
- 안재균, 「폐광지역 산업유산 보전을 중심으로 한 Eco-museum계획 – 태백시 철암동 석탄장을 중심으로」, 홍익대학교 석사학위 논문, 2007.
- 신종일, 「태백시 탄광마을의 건축 특성이 반영된 활성화 방안 연구」, 성균관대학교 박사학위논문, 2007.

박물관 자원봉사자들의 성취도 연구

홍재주 · 성승현[1]

•

•

•

1. 머리말

박물관 자원봉사는 박물관의 존립과 활동을 위한 가장 중요한 요소 가운데 하나라고 할 수 있다. 자원봉사를 통해 박물관은 다양한 인력을 활용할 수 있을 뿐 아니라 사회적 · 교육적 기능을 함께 수행하여 대중과의 소통이 가능하고, 자원봉사자들은 지식의 습득과 개인의 만족 등의 욕구를 충족시킬 수 있다.

자원봉사자는 비영리로 운영되는 박물관 특성상 적은 예산으로 눈에 띄지 않는 사소한 일부터 전문성을 요구하는 업무까지 다양한 박물관 업무를 볼 수 있기 때문에 자원봉사제도의 활성화가 필요하다.

이에 본 연구에서는 박물관 자원봉사자들의 설문을 통해서 자원봉사활동을 하면서 얻을 수 있는 성취도에 대해 분석하려고 한다. 이 분석을 통해 박물관 자원봉사제도가 활성화를 위한 기초자료를 제시하는 데 의의를 두고자 한다.

---

[1] 국민대학교 행정대학원 미술관박물관학 전공

2. 박물관 자원봉사와 자기개발

1) 자원봉사의 개념과 의의

자원봉사의 어원은 인간의 자발적인 의지(will)와 욕망(desire)을 나타내는 라틴어의 'voluntas(자유의지)'에서 기원한 것으로, 프랑스어로는 '기쁨의 정신', 영어로는 '자원자'라는 의미를 가지고 있으며 일본에서는 '자발적 관심에 바탕을 두고 타인이나 사회에 공헌하는 행위'로 쓰이고 있다. 「전국 자원봉사활동 진흥 센터」에서는 자원봉사활동을 첫째, 인간으로서 서로 돕고 격려해 주는 활동, 둘째, 마음과 마음의 만남을 소중하게 여기는 활동, 셋째, 지역사회 안에서 서로 의지가 되는 활동, 넷째, 국제사회의 일원으로써 협력하는 활동으로 정의되고 있다.[2] '자원봉사'라는 용어는 1930년의 세계사회사업가대회에서 처음으로 사용되었으며, 그 대상과 영역 및 목적 등에 따라 약간의 차이를 가지고 있으나, 자원봉사라는 말이 현재는 자원봉사자(volunteer), 자원봉사활동(volunteerism)의 의미로 사용되고 있다. 자원봉사와 관련된 용어 중 가장 보편적으로 쓰이고 있는 voluntarism의 의미는 '어떤 사회에서 자발적으로 행해지는 모든 것을 총칭하는 용어로 민간기관, 비영리기관과 재단, 종교, 자선사업은 포함되지만 공공기관은 포함되지 않는 활동'이며, volunteerism의 의미는 자원봉사자들이 행하는 활동에 구체적으로 관련 있는 정신을 의미하는 것으로 비영리조직뿐 아니라, 정부프로그램도 포함하고 있다.[3]

자원봉사자는 사회 또는 공공의 이익을 위한 일을 자기 의지로 행하는 사람이다. 자원봉사자를 줄여 '봉사자'라고도 하며, 그런 자원봉사자가 모인 단체를 자원봉사단이라 한다. 쿄헨(Cohen)에 의하면 자원봉사자란 시민들의 민중적 생활방식을 발달시키고, 사회의 비인간적인 분위기를 보다 인간적인 분위기로 전환시킬 수 있는 계기, 특히 이웃 간의 분위기를 조성하고 근본적이고 무리 없는 사회개혁을 달성시키며, 각 개인의 성숙과

---

2 김영호 외, 「자원봉사의 이론과 실제」, 창지사, 2002, 11쪽.
3 이팔환 · 백남덕, 「자원봉사론」, 형설출판사, 2000, 13~14쪽.

사회제도의 변화 등을 효과적으로 창출할 수 있는 방향으로 추진하는 자라고 한다.[4] 또한 어떤 금전적 보상을 받지 않고 자신의 자유의사에 의하여 특정 활동에 대해 시간과 서비스를 제공하는 사람을 의미한다고 하였으며, 자원봉사자는 금전적인 보상을 받지 않는 것이 원칙이지만 봉사활동 중 개인적으로 지출한 비용을 상환받는 것은 보상이 아니므로 자원봉사활동 중의 개인적인 지출(교통비, 식비)은 보상을 받는 것이 바람직하다.[5]

자원봉사는 사회적인 면과 개인적인 면 모두에서 중요한 의의를 지닌다. 먼저 사회적 의의를 살펴보면, 자원봉사는 시민의 자발성에서 우러나온 민간활동이고 또한 활동의 과정을 통해서 공동체 의식을 높이는 것이므로 복지사회를 향한 시민 참여의 한 형태로서 중요한 의의를 지닌다. 개인적 의의로서, 자원봉사자는 자신의 시간, 기술, 지식을 자기가 아닌 타인의 복지 혹은 공익을 위한 활동에 사용함으로써 성숙한 인격을 형성하게 되고, 지식, 기술, 태도, 면에서 자기 성장을 이루게 되며, 자아를 발견할 수 있게 된다. 자원봉사자는 자원봉사활동을 통해 지역 사회와 연결을 가지고 지역사회에 대한 새로운 이해를 하게 되며, 그 활동과 관련하여 넓은 시야와 다양한 경험을 쌓을 수 있으며 결국 인생을 풍부하게 만들 수 있다.[6]

현대사회가 복잡 다양해지고 개인 능력의 한계를 넘으면서 사회보장이 제도화되기는 했지만 모든 국민에게 인간다운 생활이 보장되기 위해서는 자원봉사활동이 정부차원을 넘어 범국민적인 자조운동 내지는 시민들의 새로운 지역봉사활동으로 고무되어야 한다. 또한 물질적인 풍요 속에서도 각종 비복지적 요인들의 증가로 인해 사회문제가 급증하자 그 문제해결 및 예방의 기능을 담당하고 있는 공적 또는 사적 조직에서의 사회복지 활동에 대한 활성화 요구가 증진되고 있으며, 특히 국가 책임의 사회복지에 대한 국민의 기대감이 상승되고 있다. 그러나 사회복지 욕구대상자가 확대됨에 따라 수요자가 기대하는 요구를

---

4 최현기, 「주부자원봉사자의 활용에 관한 연구」, 효성여자대학교 석사학위논문, 1992, 7쪽.
5 장인협·최성재, 「노인복지학」, 서울대학교 출판부, 2001, 255쪽.
6 황진수 외, 「노년학의 이해」, 대영문화사, 2000, 257쪽.

모두 충족시켜 줄 수 없는 실정이다. 자원봉사활동은 이러한 복지제도의 불완전성을 보안·강화하는 의의를 갖는다.[7]

2) 박물관 자원봉사의 역사

미국의 박물관 자원봉사활동은 20세기 초 무렵부터이다. 1870년 보스턴과 뉴욕에 미술관이 개관하였고, 1907년 보스턴 미술관에 의해서 '도슨트'라고 불리는 자원봉사 안내제도가 도입되면서부터 시작되었다. 이를 계기로 문화예술분야에서의 자원봉사활동이 점차 확대되어 1970년 박물관 자원봉사 네트워크가 만들어지고, 1974년 세계박물관회연맹(WFFM ; World Federation of Friends of Museums)이 창립되었다. 또한 2년 뒤인 1976년 미국박물관 자원봉사협회(USAMV ; U.S Association of Museum Volunteers)가 창립되었다. 이후 미국 박물관 자원봉사협회는 미국박물관협회(AAM ; American Association of Museum)와 제휴하고 1986년 미국자원봉사협회(AAMV ; American Association for Museum Volunteers)로 개칭하여 박물관 자원봉사자 37만 5천 명을 대표하는 비영리 법인이 만들어졌다. 이를 통하여 박물관 자원봉사자들에게 전문적인 새로운 정보와 훈련, 자원봉사 프로그램 등을 제공하고 있다.[8]

우리나라의 박물관 자원봉사활동은 1988년 올림픽 당시 국립중앙박물관에서 외국인을 상대로 전시소장품을 설명했던 것에서부터 시작한다. 그 후 여러 미술관, 박물관으로 조금씩 활성화되기 시작하였으나 그 기간은 불과 10년 안팎이라고 볼 수 있으며, 그 역할도 전시설명 분야에 치중해 있다. 현재 자원봉사 프로그램을 운영 중인 대표적인 박물관·미술관으로는 국립중앙박물관, 서울역사박물관, 서울시립미술관, 국·공립박물관, 삼성미술관 등이 있다.[9]

---

7 강정숙, 「박물관 자원봉사 프로그램의 활성화 방안 연구」, 숙명여자대학교 석사학위논문, 2005, 7~8쪽.
8 양성진, 「미술관/박물관 자원봉사 프로그램 활성화 방안 연구」, 중앙대학교 석사학위논문, 2003, 43쪽.
9 위의 논문, 52쪽.

3) 박물관 자원봉사를 통한 자기개발

자원봉사 활동은 개인적인 측면과 사회적인 측면에서 그 의의와 역할을 찾아볼 수 있다. 현대 사회에서 과학적 기술과 개인의 권리가 향상됨에 따라 노동시간이 줄어들고 여가시간이 증가하여 여가의 건전한 활용이 중요한 문제로 대두되고 있으며, 한편으로는 노동의 분업화로 인하여 노동으로부터 개인이 소외되는 현상이 나타났으며 이러한 소외를 극복하고 자아실현을 위한 하나의 장으로서 자원봉사활동의 역할이 중요하게 부각되고 있다.

박물관 자원봉사를 통하여 자신의 능력을 활용할 뿐만 아니라 능력 향상과 인격의 성숙을 도모하고 이러한 과정 속에서 자신을 재발견하고 자아실현의 계기를 만들어간다. 이는 다른 의미에서 자원봉사활동은 학교교육이 제공하지 못하는 생활현장의 체험을 제공하여 평생교육, 사회교육의 사회적인 측면에서 자원봉사활동은 민주사회의 기반이며, 공동체 형성을 위한 모태라고 할 수 있다. 이와 같이 자원봉사는 사회구성원의 자발적 참여과정이며, 동시에 구성원들의 기본적 욕구충족과 사회가 당면하고 있는 각종 사회문제를 해결하고 예방하는 중요한 역할과 기능을 수행하는 데 많은 도움을 준다.[10]

3. 박물관 자원봉사자의 설문조사 분석

1) 인구통계학적 특성

(1) 성별 분포

설문에 응하는 응답자는 총 59명으로 남녀의 성비를 비교해보면 남성이 4명, 55명으로 각각 7%와 93%를 차지했다.

---

[10] 한국사회복지협의회, 「자원봉사 프로그램 백과」, 한국사회복지협의회, 1997, 52~55쪽.

| 성별 분포 |

성별	인원	비율(%)
남성	4	7
여성	55	93

(2) 연령별 분포

연령 분포를 보면 30세에서 60세까지 나양한데, 30~39세가 1명(2%), 40~49세가 4명(7%), 50~59세가 24명(40%), 60세 이상이 30명(51%)으로 대부분 50~60대가 주를 이루고 있다. 이를 통하여 국립중앙박물관 자원봉사자는 장년층과 노년층으로 이루어져 있음을 알 수 있다.

| 연령별 분포 |

나이	인원	비율(%)
19세 ~ 29세	0	0
30세 ~ 39세	1	2
40세 ~ 49세	4	7
50세 ~ 59세	24	40
60세 이상	30	51

(3) 직업별 분포

직업의 분포를 살펴보면 주부가 41명(70%)으로 가장 높게 나타났고, 그 뒤로 공무원(교사 포함)이 9명(15%), 기타 4명(7%), 회사원 3명(3%), 자영업 2명(3%), 학생(대학, 대학원 이상)이 0명(0%)으로 나타나 국립중앙박물관 자원봉사자의 구성은 여가시간을 활용하기 위한 주부가 가장 많은 비중을 차지하고 있음을 알 수 있다.

| 직업별 분포 |

직업	인원	비율(%)
학생(대학, 대학원 이상)	0	0
주부	41	70
공무원(교사 포함)	9	15
회사원	3	5
자영업	2	3
기타	4	7

2) 자원봉사 활동경력

(1) 국립중앙박물관 일일 자원봉사활동 시간

자원봉사자들의 일일활동시간을 살펴보면 5~6시간이 35명(59%)으로 가장 많았고, 3~4 시간이 20명(34%), 7~8시간이 4명(7%)으로 나타났다.

| 일일 자원봉사활동 시간 |

일일 자원봉사 활동 시간	인원	비율(%)
1시간 ~ 2시간	0	0
3시간 ~ 4시간	20	34
5시간 ~ 6시간	35	59
7시간 ~ 8시간	4	7
8시간 이상	0	0

(2) 국립중앙박물관 자원봉사 활동기간

자원봉사자들의 활동기간을 살펴보면 기타가 28명(47%)으로 절반에 가까웠고, 5년 이상이 21명으로(36%), 3~4년이 7명(12%), 1~2년이 2명(3%), 1년 미만이 1명(2%)으로 나타났다. 그 중에서 기타가 가장 높은 비율을 차지하였는데 10년 이상이 18명, 10년 미만이 10명으로 장기간 국립중앙박물관 자원봉사자로 활동을 꾸준히 해왔음을 알 수 있다.

| 국립중앙박물관 자원봉사 활동기간 |

국립중앙박물관 활동기간	인원	비율(%)
1년 미만	1	2
1년 ~ 2년	2	3
3년 ~ 4년	7	12
5년 이상	21	36
기타	28	47

(3) 자원봉사 활동경험

타 기관에서의 자원봉사 활동경험은 '있다'가 37명(63%), '없다'가 22명(37%)으로 절반이상의 자원봉사자가 타 기관에서 자원봉사 경험이 있음이 나타났다. 자원봉사활동을 했던 기관으로는 궁궐지킴이, 육군박물관, 몽촌역사관, 과천과학관, 예술의 전당 등 문화·예술 관련기관과 노인복지관, 시·도 자원봉사단체, 도서관 등 일반 자원봉사단체에서 활동한 것으로 나타났다. 이를 통해 지역사회 내에서 자원봉사 활동을 하고자 하는 욕구가 있음을 보여주고 있다.

| 타 기관 자원봉사 활동경험 |

자원봉사 활동경험	인원	비율(%)
있다.	37	63
없다.	22	37

타 기관에서의 자원봉사활동기간으로는 기타가 12명(32%), 5년 이상이 11명(30%), 3~4년이 8명(22%), 1~2년이 3명(8%), 1년 미만이 3명(8%)으로 국립중앙박물관에서 자원봉사활동 이전에 타 기관에서 일을 하고 왔거나 현재에도 타 기관에서 자원봉사활동을 하고 있음을 알 수 있다.

| 타 기관 자원봉사 활동기간 |

국립중앙박물관 활동기간	인원	비율(%)
1년 미만	3	8
1년 ~ 2년	3	8
3년 ~ 4년	8	22
5년 이상	11	30
기타	12	32

3) 자원봉사 활동 관련 설문조사

(1) 자원봉사활동에 대한 인식

자원봉사활동에 대한 인식에 관한 항목은 자아실현성, 자발성, 무보수성, 성취도, 만족도로 구분하여 조사하였다. 자아실현성에 관련된 질문을 보면 공익증진을 위해서라면 자발적으로 자기 재능을 사용할 수 있다는 항목에 '그렇다'가 51명(86%), '보통이다'가 8명(14%), '그렇지 않다'가 0명(0%)으로 나타났다. 다른 사람을 도울 때 공식적인 기관을 통해야 하는 것에 대해서는 '그렇다'가 43명(73%), '보통이다'가 10명(17%), '그렇지 않다'가 6명(10%)으로 나타났다. 자원봉사기관과 자신과의 목표 일치에 대해서는 '그렇다'가 41명(69%), '보통이다'가 11명(19%), '그렇지 않다'가 7명(12%)으로 전체에 2/3 이상이 자아실현성에 대해 긍정적인 생각으로 활동하고 있음을 알 수 있다.

| 자아실현성에 대한 인식 |

질문	답변	인원	비율(%)
공익증진을 위해서라면 자발적으로 자기의 재능을 사용할 수 있다고 생각하십니까?	그렇다.	51	86
	보통이다.	8	14
	그렇지 않다.	0	0
다른 사람을 도울 때 공식적인 자원봉사기관이나 조직을 통해서 돕고 싶습니까?	그렇다.	43	73
	보통이다.	10	17
	그렇지 않다.	6	10
자신의 생각과 자원봉사기관의 목표가 일치해야 한다고 생각하십니까?	그렇다.	41	69
	보통이다.	11	19
	그렇지 않다.	7	12

    자발성에 대한 항목은 3부분으로 나누어졌으며, 자신이 배운 지식과 소양을 자원봉사를 통해 환원하는 것이 자기 인생에 있어 새로운 목표를 달성할 수 있다고 생각하는가에 대한 문항에 '그렇다'가 53명(90%), '보통이다'가 5명(8%), '그렇지 않다'가 1명(2%)으로 나타났다. 자원봉사활동으로 사회를 변화시킬 수 있다고 생각하는가에 대한 문항에는 '그렇다'가 54명(91%), '보통이다'가 5명(9%)으로 나타났다. 자유로운 신택의지로 타인을 돕는 것은 정신적인 만족감을 가져다주는가에 대한 문항에는 '그렇다'가 57명(96%), '보통이다'가 2명(4%)으로 나타났다. 자발성에 관련해서는 90%가 넘는 자원봉사자들이 긍정적인 생각을 가지고 있는 것으로 보아 자신의 의지로 자원봉사를 하는 것은 새로운 목표를 달성함과 동시에 더 좋은 사회를 만들 수 있다고 믿는 것으로 추측된다.

| 자발성에 대한 인식 |

질문	답변	인원	비율(%)
자신이 배운 지식과 소양을 자원봉사를 통해 환원하는 것은 자기 인생에 있어 새로운 목표를 달성할 수 있다고 생각하십니까?	그렇다.	53	90
	보통이다.	5	5
	그렇지 않다.	1	2
자원봉사활동으로 더 나은 사회를 만들고 올바른 사회로 변화시킬 수 있다고 생각하십니까?	그렇다.	54	91
	보통이다.	5	9
	그렇지 않다.	0	0
자유로운 선택의지로 타인을 돕는 것은 정신적인 만족감을 가져다준다고 생각하십니까?	그렇다.	57	96
	보통이다.	2	4
	그렇지 않다.	0	0

무보수성에 대한 항목으로는 물질적 보수보다는 정신적 보수가 중요하냐는 질문에 '그렇다'는 41명(70%), '보통이다'는 13명(22%), '그렇지 않다'는 5명(8%)으로 나타났다. 보수가 없을 때가 진정한 자원봉사활동이라고 생각하는 가에 대해서는 '그렇다' 40명(68%), '보통이다' 10명(17%), '그렇지 않다' 9명(15%) 인 것으로 조사되었다. 자원봉사활동으로 받는 보상이 적당한가에 대한 질문에는 '보통이다'가 25명(42%), '그렇다'가 18명(31%), '그렇지 않다'가 16명(27%) 순으로 나타났다. 자원봉사자들은 정신적 보상을 더 중요하게 생각은 하지만 받고 있는 물질적인 보상에 대해서 어느 정도는 부족함을 느끼고 있는 것으로 나타났다.

| 무보수성에 대한 인식 |

질문	답변	인원	비율(%)
자원봉사활동은 물질적인 보수보다 정신적인 만족감이 더 중요하다고 생각하십니까?	그렇다.	41	70
	보통이다.	13	22
	그렇지 않다.	5	8

	그렇다.	40	68
보수가 없을 때 진정한 의미의 자원봉사활동이라고 생각하십니까?	보통이다.	10	17
	그렇지 않다.	9	15
	그렇다.	18	31
자원봉사활동을 하며 받는 보상이 적당하다고 생각하십니까?	보통이다.	25	42
	그렇지 않다.	16	27

　성취도에 대한 문항에서는 공동체 의식이 향상되었나에 '그렇다'가 44명(75%), '보통이다'가 15명(25%), '그렇지 않다'가 0명(0%)으로 나타났다. 자신의 삶을 보다 의미 있게 만드는 계기가 되었는가에 대해서는 94%에 해당하는 56명이 '그렇다'라고 대답하였고 나머지 3명(6%)이 '보통이다'라고 응답했다. 사회구성원 간에 책임감을 느끼는가에 대한 질문에는 '그렇다'가 52명(88%), '보통이다'가 7명(12%)으로 나타나 자원봉사활동에 책임감을 가지고 있음을 알 수 있다. 새로운 경험과 기술을 배우는 계기가 되었는지에 대한 문항에는 49명(83%)이 '그렇다', 10명(17%)이 '보통이다'라고 답변하였고 80%가 넘는 자원봉사자들이 활동을 하면서 공동체 의식 향상, 책임감, 새로운 경험과 지식을 쌓을 수 있는 좋은 계기가 되었다고 응답했다.

| 성취도에 대한 인식 |

질문	답변	인원	비율(%)
자원봉사활동은 물질적인 보수보다 정신적인 만족감이 더 중요하다고 생각하십니까?	그렇다.	41	70
	보통이다.	13	22
	그렇지 않다.	5	8
보수가 없을 때 진정한 의미의 자원봉사활동이라고 생각하십니까?	그렇다.	40	68
	보통이다.	10	17
	그렇지 않다.	9	15
자원봉사활동을 하며 받는 보상이 적당하다고 생각하십니까?	그렇다.	18	31
	보통이다.	25	42
	그렇지 않다.	16	27

만족도에 대한 문항으로는 국립중앙박물관에서 자원봉사를 하는 것에 만족하는가에 '그렇다'가 50명(84%), '보통이다' 4명(7%), '그렇지 않다'가 5명(9%)이었다. 자원봉사활동의 계기로는 '다른 사람을 돕고 싶어서'가 11명(19%), '나의 능력, 재능을 발휘하고 싶어서'가 21명(36%), '여가시간을 활용하기 위해서'가 15명(25%), '지역사회의 발전을 위해서'가 9명(15%), '기타'가 3명(5%)으로 나타났다. 앞으로 자원봉사활동을 할 의사가 있는가에 대한 질문에는 '그렇다'가 57명(97%), '보통이다'가 2명(3%), '그렇지 않다'가 0명(0%)으로 조사되었다.

| 만족도에 대한 인식 |

질문	답변	인원	비율(%)
현재 기관에서 자원봉사 하는 것에 만족하십니까?	그렇다.	50	84
	보통이다.	4	7
	그렇지 않다.	5	9
자원봉사활동을 어떤 계기로 하게 되었습니까?	다른 사람을 돕고 싶어서	11	19
	나의 능력, 재능을 발휘하고 싶어서	21	36
	여가시간을 활용하기 위해서	15	25
	지역사회의 발전을 위해서	9	15
	기타	3	5
앞으로도 계속 자원봉사활동을 할 생각이 있으십니까?	그렇다.	57	97
	보통이다.	2	3
	그렇지 않다.	0	0

4. 맺는말

요즘 사회적으로 자원봉사활동에 관심이 높아지면서 박물관 자원봉사활동자의 수가 늘고 자원봉사의 범위가 전시 해설에서 다양한 박물관 업무로 점차 넓어지고 있는 추세이다. 이번 설문을 통해서 자원봉사자들이 활동을 하면서 갖고 있는 생각과 마음가짐에 대해서 어느 정도 알 수 있었다.

　박물관의 역할이 날로 커져 가고 있기 때문에 모든 업무를 학예사들이 볼 수는 없으므로 박물관자원봉사자 교육프로그램을 통하여 자원봉사자들은 전문성과 자부심을 가지고 학예 업무를 수행할 수 있도록 해야 한다. 박물관 인력으로서 학예사와 같이 대우를 받고 지금보다 더 나은 처우를 받을 수 있도록 박물관에서 많은 개선안이 나와야 할 것이다.

▥ 참고문헌

- 김영호 외, 「자원봉사의 이론과 실제」, 창지사, 2002.

- 이팔환 · 백남덕, 「자원봉사론」, 형설출판사, 2000.

- 장인협 · 최성재, 「노인복지학」, 서울대학교 출판부, 2001.

- 황진수 외, 「노년학의 이해」, 대영문화사, 2000.

- 한국사회복지협의회, 「자원봉사 프로그램 백과」, 한국사회복지협의회, 1997.

- 강정숙, 「박물관 자원봉사 프로그램의 활성화 방안 연구」, 숙명여자대학교 석사학위논문, 2005.

- 양성진, 「미술관/박물관 자원봉사 프로그램 활성화 방안 연구」, 중앙대학교 석사학위논문, 2003.

- 최현기, 「주부자원봉사자의 활용에 관한 연구」, 효성여자대학교 석사학위논문, 1992.

기업 메세나를 활용한 뮤지엄 문화복지

최정은[1]

●

●

●

1. 메세나와 문화복지

메세나란 기업의 다양한 사회공헌활동 중 문화예술을 보호하고 재정적으로 지원하는 특정 활동을 의미한다. 오늘날 메세나는 필랜스로피와 계몽적 실리주의 관점에서 더 나아가 직접적인 마케팅 효과, 또한 기업의 무형자산적 가치와 사회적 책임(CSR)을 토대로 지속가능한 경영 가능성을 모색하기 위한 가장 중요한 핵심 대안으로 제시되고 있다.

문화예술의 본원적인 가치가 인간의 본능적 욕구 중 하나인 정신적 쾌락과 즐거움을 제공하는 데 있다면, 그 부가적 가치는 사회적 가치로서 집단과 외부 편익을 제공하는 데 있다. 이는 국가에 대한 자긍심을 고양키고 사회 발전은 물론 산업과 교육 등 주변에까지 상당한 영향을 끼친다. 문화예술은 사회 제반의 창조적 활동들에 자극을 주는 역할을 하며, 그 자체로서 막대한 부를 창출하는 고부가가치 산업이기에 경제적 특성을 가진다고 정의할 수 있다. 하지만 대량생산이나 생산표준화가 불가능하고, 인건비가 높아 시장실패의 가능성 역시 안고 있으므로 투자 대비 수익의 보장성과 성공성을 예측할 수 없어 적극적인 투자를 이끌어내기에는 어려움이 있다. 따라서 근본적으로 취약한 문화예술계의 재정자립성 문제를 해결하기 위해서는 자체적인 노력도 중요하지만 국가나 기업의 지원

---

1 남서울대 아트센터 갤러리 이앙 선임수석큐레이터

사업이 꼭 필요하다.

21세기에 들어 전 세계적으로 문화예술을 사회발전과 국부창출의 원동력으로 인식하고 정부 정책의 중심 가치로 내세우고 있다. 정부에서는 문화예술의 진흥과 미래의 성장동력을 육성하기 위해 보다 적극적으로 지원을 아끼지 않고 있지만, 사실 공공지원만으로는 수요에 맞출 수 없는 것이 현실이다. 기타 사회적 지원이 절실히 필요하며, 이러한 사회적 지원의 하나로서 기업의 메세나 활동에 대한 논의와 필요성은 자본주의 사회를 기점으로 지속적으로 진행, 발전될 것이다.

우선적으로 메세나는 기업의 사회적 책임론에 그 기원을 두고 있으며, 메세나를 통하여 기업은 자사의 이미지를 제고하고 활동할 수 있는 기반을 마련한다. 오늘날 문화예술은 기업의 마케팅 관점에서 재인식되어 잠재고객에게 접근하는 수단으로 활용되며 문화마케팅이라는 용어가 생길 정도로 기업의 이미지, 제품, 광고, 홍보, 판매 등 전반적인 부문에서 이용되고 있다. 물론 이러한 마케팅 활동이 문화예술을 직접적으로 지원하는 것에는 한계가 있고, 본래 문화예술이 지향하는 가치와는 다른 방향으로 전개될 수 있다. 때문에 이를 중재하는 메세나협의회의 역할이 중요하며, 직접적인 연계를 지원함으로써 전략적으로 파트너 관계를 형성하고, 마케팅뿐만 아니라 사회공헌활동, 문화복지 향상 등을 목적으로 다양한 방면에서 상호 간의 시너지 효과를 얻게끔 유도한다.

문화복지란 일종의 신조어로서 일반적으로 통용되는 사회복지의 개념에 문화를 대입하여, 다양한 계층이 문화를 골고루 향유할 수 있도록 장려하는 것을 의미한다. 국내에서 이 개념의 등장은 그리 오래되지 않았는데, 과거에는 기업들이 사회복지 향상을 위한 활동과 문화예술에 대한 메세나를 구분하는 양상을 보였다. 그 이유는 과거 부유한 소수가 향유하던 문화예술의 근본적인 특성에 기인한다고 보인다. 기업 혹은 정부가 대중의 심미적, 향유적 욕구까지 채워주어야 하느냐의 논란에서 반대 의견도 적지 않았던 점을 고려하면, 문화복지는 많은 우려의 대상이었음을 알 수 있다. 하지만 취약한 재정자립의 문제점을 가진 문화예술은 생산자와 향유자 모두의 생활의 질을 개선·향상시키고, 인간의 문화적 권리를 보장하며 문화 민주주의를 표방한다는 점에서 모든 이에게 문화적 서비스를 제공하는 것은 매우 중요하다. 그렇기 때문에 현재 중점적으로 논의되고 있는 것은 사회공헌활동과 메세나를 어떻게 결합하여 모두가 함께 나누는 문화복지사회를 구현하느냐는 것이다.

'문화를 통한 아름다운 사회공헌'이라는 슬로건을 가지고 활동하는 한국메세나협의회는 2005년 "기업과 예술의 만남"을 시작하면서 기업과 문화예술단체들 간의 1 : 1 결연을 맺어주는 프로그램 운영과 문화소외계층을 위한 "문화공헌사업"에도 많은 노력을 보이고 있다. 문화적 혜택에서 소외되어 온 이들의 문화적 욕구를 충족시키고 희망을 주기 위한 목적으로 즐거운 나눔 티켓 사업을 시행하며, 이들을 직접 찾아가 공연 프로그램에 참가할 수 있도록 장려하기도 한다. 저소득층 어린이와 청소년 대상으로 다양한 예술 프로그램을 전개해 꿈을 펼칠 수 있는 기회를 제공하고, 심화되고 있는 실업난을 극복하고자 고용노동부와 함께 사회적 기업 재정 및 경영지원 협조 프로그램을 운영하기도 한다.

이러한 활동들은 기업과 문화, 그리고 문화적 소외계층을 모두 연결하는 문화복지의 긍정적인 사례들로서, 기업메세나는 점차 이를 활성화시키기 위한 재원으로서 그 역할을 해 나갈 것으로 보인다. 이러한 관점에서 기업 메세나의 기본적인 정의와 흐름을 살펴보고 구체적인 사례들을 논의함으로써, 뮤지엄 전문성을 적극 활용한 기업 메세나와 문화복지방안들에 대해 보다 용이하게 접근할 수 있다.

2. 기업 메세나

1) 메세나에 대한 기본 정의

메세나라는 용어가 국내에 처음 등장하게 된 계기는 1994년 출범한 한국메세나협의회의 설립이다. 문화예술분야에 대한 기업의 사회공헌활동을 지칭하는 이 용어는, 기존에 사용되던 '후원'이라는 용어가 기업의 일방적 지원이라는 뉘앙스를 갖고 있기 때문에 기업과 문화예술이 서로 동등한 입장에서 보완적으로 협력한다는 의미로 이 용어를 사용하게 되었다.[2] 즉 메세나란 기업과 문화예술의 동등한 상호 호혜관계에 기초한 문화예술 후원활동이라고 정의될 수 있다.

메세나(Mecenat)라는 말은 로마시대에 문화예술가들에게 지원을 아끼지 않은 가이우스 슬리니우스 마에케나스(Gauis Clinius Maecenas, BC 79 ~ AD 8)라는 실존 인물의 이름으로부터 유래되었다. 불어로 표기하여 사용되기 시작했으며 '예술, 문화, 과학에 대한 두터운 보호와 원조'라는 의미를 가지고 있다.[3] 공식적인 메세나협의회를 처음 창설한 나라는 미국으로 1967년 예술지원기업위원회(BCA ; Business Committee for the Art)를 통해 메세나라는 용어를 처음 사용하였다. 이후 미국 기업들이 문화예술 지원을 성공적으로 진행하자 유럽을 시작으로 세계 각국에서 메세나협의회가 설립되었다. 각 나라별 명칭과 특성이 다르지만 1997년부터는 국제 기업예술지원 네트워크(International Network of Business Arts Association)가 조직되어 매년 총회를 개최하고 있으며, 이 회의에서는 주로 각국의 메세나 현황을 토의하고 정보를 상호 교환하는 데 중점을 둔다.[4]

예술 후원 활동을 지칭하는 용어로는 메세나뿐 아니라 필랜스로피, 패트로니지, 스폰서

---

[2] 한국메세나협의회, 「1994년도 연차보고서」, 한국메세나협의회, 1994.
[3] 한국메세나협의회, 「한국메세나연감」, 한국메세나협의회, 2004.
[4] 두산세계대백과.

십, 파트너십 등이 있다. 필랜스로피(philanthropy)는 인도주의적 정신에 근거하여 관대하게 베풀어지는 헌납 또는 인도주의적 목적을 위해 자금을 나눠주는 기관으로 정의된다. 박애주의, 공리주의가 필랜스로피라는 단어 사용에 있어 핵심적인 개념이다. 패트로니지(patronage)는 아버지를 의미하는 라틴어 파테르(pater)로부터 기원한 패트론이라는 단어로 넓은 의미에서 보호자, 옹호자 등으로 쓰인다. 특별히 미술에 적용되면 패트론은 부유하고 영향력 있는 예술가의 후원자를 의미한다. 스폰서십(sponsorship)은 고대 로마의 법률 용어인 스폰서스(sponsus)에서 유래했으며 타인의 채무를 변상하는 책임을 진 사람을 가리킨다. 주로 기업 마케팅 전략의 일환으로 기업이 자사의 제품을 광고, 홍보하기 위해 예술단체에 지불하는 금전 또는 현물이나 서비스 제공을 의미한다. 마지막으로 파트너십(partnership)은 '호혜주의'와 '상호이익'이 핵심 개념으로 동등한 관계를 통해 상호이익을 추구하는 것으로 이해되고 정립되어야 한다는 측면에서 사용된다. 현 시대의 기업과 예술의 관계를 정의하는 데 가장 많이 쓰이는 용어로서 기업메세나 활동을 이해하는 데에도 매우 중요한 개념이다.[5]

2) 메세나에 대한 접근법과 오늘날의 개념

메세나가 문화예술에 대한 기업의 지원활동이라는 사실에 대해서는 전 세계가 공통적인 정의를 가지고 있지만, 각 국가별로 관점에 다소 차이가 있다. 과거 왕·귀족, 종교가 문화예술을 지원하는 주체였다면 20세기 자본주의사회에서는 기업이 새로운 주체로 등장하게 된다. 50년대 중반부터 미국에서 개인의 기부관행이 기업의 기부문화로 확산되기 시작했고, 이러한 이론적 관점은 박애주의를 지향하는 필랜스로피론이 근거로 제시된다. 점차 법제도 개혁 혹은 문화예술의 경제적 가치에 대한 연구를 통해 범국가적 차원에서 관심을 유도하면서 메세나는 계몽적 실리주의에 입각한 파트너로서의 관계에 주목을

---

5 양현미·양지연, 「기업메세나 활성화 방안」, 한국문화정책개발원, 1995.

하게 되었다.

80년대 후반부터는 마케팅 이론이 고객지향주의적으로 변화하면서 보다 용이하게 접근하기 위한 도구로서 문화예술이 이용되기 시작하여 현재까지도 이러한 흐름은 지속되고 있다. 이러한 메세나 이론의 변화는 대표적으로 미국을 통해 알 수 있지만 유럽 각 국가와 일본 역시 자국의 기업 특성에 맞는 메세나의 이론적 틀을 발전시켜 왔다. 최근 기업경영의 핵심요소인 지적 인프라와 노하우 축적을 위한 투자의 방법에서 메세나 이론이 펼쳐지기도 한다. 현재 전 세계적으로 관심을 가지고 있는 기업의 사회적 책임과 더불어 지속가능경영을 추구하는 등 보다 진화된 관점에서 메세나를 바라보고 있다.

2000년대를 전후로 정보화 사회의 기업경영전략으로서 메세나의 가능성에 대한 연구들이 중점적으로 진행되었는데, 1995년 일본 문화경제학회 회장인 이케가미가 밝힌 '기업과 문화의 공생관계'는 문화가 정보화 사회의 기업경영전략에서 갖는 중요성을 통해 보다 진보된 메세나의 가능성을 보여주었다. 그는 기업은 기업 내부에 축적되고 전달되는 독자적인 노하우를 통해서 진화한다는 기업진화론을 내세웠다. 기업은 기존에 확보한 기본적인 자산 이외에 지적 자산, 전문가, 네트워크 등 정보, 즉 노하우에 대한 체계적인 구축을 이루어야 향후 지속적인 경영이 가능하다는 것이다. 정보를 통해 소비자나 고객의 욕구변화에 대응할 수 있어야 하며, 점차 빠르게 진행되는 사회의 변화에 신속히 대처할 수 있기 때문이다.

소비자들은 재화나 서비스를 평가하는 데 있어 일차적인 욕구만족에서 더 나아가 고도의 편리성과 예술성을 요구하고 있으며, 이러한 변화에 맞는 마케팅 전략을 수립하기 위해서는 경영, 재무, 경제, 예술, 디자인, 건강, 의료, 도시문제, 지역개발 등 다양한 전문가들의 도움이 필요하다. 네트워크를 형성하는 기본적 밑바탕은 바로 기초 연구와 교육인데,

특히 이를 담당하는 비영리 조직들이 일종의 지적 인프라로 활용될 수 있다. 따라서 기업이 비영리 조직을 지원하는 것은 장기적으로 봤을 때 다시 돌아올 수 있는 일종의 사회적 투자인 것이다.

정보화 시대에서는 새로운 아이디어, 새로운 인간관계, 새로운 상품 형태에서 무형적 요소의 중요성이 크게 부각되고 있다. 기업의 가치는 물리적이고 눈에 보이는 유형자산이 아니라 기업의 인적 자본과 지적재산이 실질적인 가치로 대두되게 되었다. 뉴욕대 스턴경영대학원의 바루흐 레브 교수는 미국 대기업들의 경우 가치의 80% 정도를 차지라는 것이 바로 무형자산이고, 실제 회계 기술로 측정한 자산은 기업 전체 자산의 20%밖에 안 된다는 것을 설득력있게 보여주었다.[6] 기업의 관심이 이 인적 자본의 확보와 관리로 옮겨가면서, 많은 재원을 인력 개발과 기업문화 창출에 투자하게 된다. 기업 내부로 문화예술을 끌어들이는 시도를 통해 창조성과 혁신성을 추구하는 목적에서 변화된 형태의 메세나를 진행하는 것이다.[7]

21세기에 들어서 다국적 기업들의 활약이 두드러지면서 기업들의 지속가능경영에 대한 관심이 더욱 심화되고 있다. 시장 크기 확대, 정보 교류 활성화, 시민들의 가치관 다양화되는 등 사회 환경의 변화가 보다 급박하게 돌아가는 상황에서 기업을 평가하는 시각도 다양화되어 이러한 요소들이 기업 행동에 커다란 영향을 미치게 되었다. 지속가능한 사업의 성공이나 주주가치는 단기적인 이윤극대화에 의해 달성될 수 없으며 오히려 시장지향적이면서 책임있는 행동을 통해 달성될 수 있다는 점을 인식하기 시작한 것이다. 1990년대 말 몇 다국적 기업들이 사업을 진행할 때 환경파괴, 인권파괴 등 부정행위를 저질러 큰 타격을 입은 사건들이 있었다. 이러한 사건들로 인해 기업의 사회적 책임(CSR)에 대한 논의가 보다 활발히 전개되었다.

---

6 한국메세나협의회, 「왜 기업은 예술을 필요로 하는가」, 한국메세나협의회, 2006.
7 양현미 · 양지연, 「기업메세나 활성화 방안」, 한국문화정책개발원, 1995.

기업의 사회적 책임에 대한 재인식 결과, 기업은 사회적 책임을 비용으로 인식하는 소극적 인식에서 벗어나 보다 능동적으로 생각하기 시작했다. 즉 사회전체의 지속가능한 발전을 위하여 기업이 단순한 사회 환원이 아니라 그 핵심주체로서 인류의 생존과 발전을 위해 책임 있는 역할을 다하겠다는 새로운 경영 패러다임을 도입한 것이다. 종래 메세나가 사회공헌활동이라는 기업 본연의 활동의 외부에 위치해 있었다면, 이제는 기업 본연의 활동의 일부로 인식하고 있다.[8] 이러한 움직임은 단순히 기업의 사회공헌과 열악한 문화예술단체 지원을 넘어 문화를 향유하는 시민들의 문화복지 향상을 목적으로 하는 형태를 향해 점차 발전하고 있다.

3. 영국과 국내 메세나 정책 비교분석

1) 영국 메세나 정책

영국은 산업혁명을 기반으로 강력한 산업국가로 발돋움을 하였으나 노동당이 계속 집권하면서 복지정책, 완전고용정책, 노동조합의 과보호정책 등이 실시된 결과 재정적자 확대, 방만한 통화공급, 빈번한 파업, 과도한 임금인상 등이 겹치면서 외환위기가 초래되었다. 이후 대처 수상의 보수당이 집권하면서 막강한 권력을 가진 노조를 영국병의 근원으로 인식하여 노동법 개정을 통해 세력 약화에 착수하였다. 또한 공기업을 민영화시키고 정부에도 시장원리를 도입하는 등의 구조개혁을 단행하였다. 정부의 지원금이 삭감되었으며 문화예술기관에도 직접 돈을 벌고 운영할 것을 종용하였다. 정부의 지원 비율의 변화는 정부의 재정상태에 큰 영향을 받으며, 지원 비율이 떨어짐에 따라 문화예술계의 타격도 크지만 반면 재정 자립성을 모색할 수 있는 기회가 마련되었다.

---

8 채원호·손호중, 「기업메세나의 동기와 공공성」, 「한국사회와 행정연구」 15-3, 한국행정학회, 2004.

영국의 문화예술정책에 대해서는 자유방임주의에 의거한 '지원하되 간섭하지 않는다'은 원칙을 우선적으로 살펴보아야 한다.[9] 영국은 1954년 예술평의회를 창설할 때 예술을 정치와 관료로부터 거리를 두기 위하여 이 원칙을 채택하였다. 예술과 사회가 갖고있는 관료들에 대한 간섭에 대한 깊은 불신을 인식하고 이 원칙을 통해 극복하고자 한 것이다. 문화예술정책은 시대적 흐름에 맞추어 지원 감소와 확대를 반복해왔지만 최근에는 '창조적 영국'이라는 목표달성의 일환으로 문화예술을 '창조적 산업' 육성의 기본으로 보고 정부차원에서 보다 적극적으로 지원하는 추세이다. 명확한 목표와 원칙 하에 문화예술진흥이 제대로 달성될 수 있다는 것을 보여준다.

영국의 문화예술지원 기구는 문화 · 미디어 · 스포츠부와 아트카운실로 크게 나눌 수 있으며 전자가 문화정책을 취지와 원칙을 천명하는 상징적인 주체라면 후자는 실질적인 정책추진의 주체이다. 두 단체간은 물론 영국 메세나단체는 아트카운실과의 상호 협력관계가 확실하고 긴밀하기 때문에 신뢰감을 바탕으로 전폭적인 지원를 받고 있다. 이러한 결과는 문화예술정책에 대한 원칙과 체계적인 시스템 확립이 잘 되었기 때문에 가능한 것으로 보인다. 활성화 정책 및 관련 법제 정비를 살펴보면 뉴 파트너스 제도을 도입으로 인해 기업의 자발적인 참여를 2배 급증시켰다. 문화예술단체에는 복권기금을 지원하는 대신 매칭펀드를 하지 않으면 기금을 받을 수 없는 정책을 통해 공공자금과 민간자금이 공동결합된 통합모델을 구축하였음을 알 수 있다. 정부의 정책과 법제가 효율적으로 정비되었기에 가능하며 이러한 맥락에서 정부의 중요성을 강조할 수 있다.

메세나 활동기반 조성을 위한 전국민 인식전환과 홍보활동도 아트카운실의 중요 활동 중의 하나이다. 마케팅 장려에 본격적으로 몰두하여 전문 부서를 개설하였으며, 팜플렛이

---

9 영국의 경제학자인 케인즈 (Keynes,J.M.)가 제창한 원칙으로 정부로 하여금 예술지원에 있어서 어느 정도 거리를 둔다는 의미이며 '필길이 원칙'이라고도 불린다.

나 비디오를 제작하여 배포하였다. 일반 시민의 문화 참가현황을 알아보기 위해 전국조사를 실시, 각 지역과 각 문화예술분야의 시장형성과 가능성을 파악해 나갔다. 또한 영국의 각 지방에 마케팅 에이전시라는 조직을 설립하는 등의 부수적인 활동을 통해 직·간접적으로 메세나를 장려한 것으로 분석된다. 기업들의 메세나에 대한 세제혜택 부분에서는 지원금액의 30%를 세액공제해주고 다양한 인센티브를 제공하는 등 정부가 수행하는 정책 내에서 최대한의 이익을 제공하기 위해 노력한다.

영국 "Arts&Business"는 1976년 설립당시 2개 회원으로 시작하였으나 현재 500개가 넘는 기업과 1000여개의 예술단체로 총 1500개가 넘는 회원을 확보하고 있다. 이러한 수치는 메세나 선진국 어느 나라에서도 비견할 수 없는 큰 규모이다. 기업의 멤버들은 그들만의 네트워크를 구축하여 기업의 이벤트, 전문지식, 정보의 발표하고 공유한다. 이 멤버십에 등록되면 "Arts&Business"가 개최하는 행사, 시상식, 세미나, 토론회 등에 초청을 받을 수 있다. 예술단체 회원들도 멤버십을 통해 우수 프로그램을 공유하고 협력 네트워크를 형성하고 있다. 회원사가 많기 때문에 기업과 문화예술단체들은 지역별, 특성별 조건 검색을 통해 폭넓은 결연을 도모할 수 있다.

그 외에도 "Arts&Business"는 정부, 언론, 학계, 타 비영리기관들과의 협력체계도 잘 구성되어 있다. 언론과의 연계를 통해 기업메세나에 대한 홍보와 시상식들을 개최하며 특히 사무총장이 유럽기업메세나 총회 의장을 맡고 있을 정도로 국제적인 네트워크도 잘 구축되어 있다고 평가된다. 런던을 중심으로 12개 도시에 16개의 지역 본부로 구성되며 전국적으로 약 120명정도의 직원들이 활동하고 있다. 수도인 런던이 가장 활성화되어 있긴 하지만 각 도시들은 문화예술의 수준 차이를 거의 느낄 수 없을 정도로 활발하게 진행 중이다. 맨체스터와 뉴캐슬 등 구 산업도시들이 문화예술에 기반한 신도시로 각광받고 있으며 지역문화발전을 위하여 직원들과 기업들이 함께 노력하고 있다.

"Arts&Business"의 가장 대표적인 프로그램은 1 : 1 결연과 뉴파트너스라는 매칭펀드이다.[10] 기업이 문화예술과의 결연을 통해 동반자 관계로부터 얻는 이익과 혜택을 극대화하는데 중점을 두고 어떻게 브랜드를 창조해내는지, 사원들의 발전과 커뮤니티 이익에 얼마나 도움이 되는지에 대한 정보를 제공한다. 이러한 맥락에서 메세나 전문가와 중재역할 담당자를 두고 전반적인 계획을 검토하고 진행하며 전문적인 조언을 행하고 있다. 각 지역 사무실의 디렉터는 프로젝트의 기준과 조건에 맞는 적임자를 찾아내어 미팅을 진행한다. 전략적 이점을 다양하게 도와줄 수 있는 멘토링 프로젝트를 통해 잠재능력 개발과 자신감, 자부심, 그리고 동기를 부여한다.[11]

　이러한 활동과 함께 자체적으로 하는 사업으로는 매년 애뉴얼 리포트와 애뉴얼 어워드 시상, 관련 이벤트, 워크숍에 대한 홍보물을 제작 등이 있다. 웹사이트를 통하여 각 프로그램별 소개는 물론 우수사례를 조건별로 검색하여 리서치할 수 있도록 데이터 베이스화하였다. 그 외의 다른 프로그램으로는 문화예술계 전문가 교육이 있다. 문화예술단체의 경영 컨설팅을 도와주기위하여 기업경영진을 이사로 배치시키는 것은 물론 민간지원을 받기 위한 기술과 전략을 세미나와 포럼 등을 통해 교육시킨다. 정부의 회계감사 등에 대처할 수 있는 실무적 능력을 보완시키고 기업 직원들을 대상으로 하는 교육프로그램의 강사로 활동하기 위한 능력도 배양시킨다. 또한 조사와 연구를 위해 개설된 기획팀이 책과 기사, 온라인 정보 등을 축적하여 메세나 사업과 창조적 산업 정책에 대한 내용을 대중에게 공개한다. 기업이 예술을 후원함으로써 증대되는 효과를 알리고 인식전환을 위해 노력한다.[12]

---

10 2007년 4월 1일부터 기존의 뉴파트너스에서 "Arts&Business Investment"로 명칭이 변경되었다.
11 영국 Arts&Business http://artsandbusiness.bitc.org.uk/
　최정은, 영국 Arts&Business North West 고객매니저 Janet Dunnett, 이벤트매니저 Gwen Oakden 과의 인터뷰 (2006).
12 최정은, 「"기업과 예술의 만남"을 활용한 메세나 활성화 방안 연구 (박물관 · 미술관을 중심으로)」, 국민대학교 석사학위논문, 2007.

2) 국내 메세나 정책

한국메세나협의회는 1994년 5월 2일 창립하였다. 그 이전에는 문예진흥원을 통해 '기업과 문화예술의 협동분위기 조성캠페인'이 전개된 바 있으며 1985년 〈문예진흥후원협의회〉가 설치되었다가 곧 해체되었다. 한국메세나협의회는 90년대 문화예술진흥에 촉매역할을 할 수 있는 새로운 기구로 새롭게 출발하게 되었으며, 문화예술지원에 활발히 나서는 기업 상호간의 의지를 더욱 공고히 하고 지원의 방법을 보다 효율적으로 찾아 기업과 문화예술의 협력 창구적 기능을 갖게 하려는 취지에서 설립되었다.

문화예술계 지원을 통한 사회공헌에 뜻을 같이하는 기업체(법인) 회원으로 조직된 비영리 사단법인으로 초창기에는 일본을 벤치마킹하여 설립되었기 때문에 한국기업메세나협의회라는 명칭으로 활동하였으나, 2004년 문화예술계의 상생을 도모하는 목적에서 한국메세나협의회로 명칭을 바꾸었다. 90년대에는 상대적으로 활동이 미진하였으나 99년 제 1회 문화예술 지원 기업대상 시상을 시작으로 좀 더 활발하게 진행되기 시작했다. 2002년 '1기업1문화 운동' 추진위원회를 구성, 2003년 '찾아가는 메세나' 사업 시작, 2005년에는 문화관광부와 함께 "기업과 예술의 만남" 프로그램을 출범시켰으며, 이는 현재 9년째 성공적으로 운영되고 있다.

"기업과 예술의 만남" 프로그램은 기업이 예술단체 간 1대1 결연 사업으로 메세나를 통해 지속적이고 전략적인 파트너십을 유지하는 것을 목적으로 한다. 기업에게는 창조적인 문화를 심고, 예술단체에게는 안정된 창작활동을 보장한다는 취지를 갖고 있으며, 서로 책임감을 갖고 상호 신뢰를 기반으로 장기간 협력할 수 있는 기반을 마련한다. 이 프로그램을 통해 결연을 희망하는 기업에게 정보를 제공하고 컨설팅 등을 돕기 위해 전문 매칭 서비스를 실시하는데, 특히 잠재적 성장 가능성을 가지고 있는 중소기업들까지도 아우르는 프로그램을 적극 지원하고 있다. 2013년 12월에 진행된 결연식과 이를 위해 보고된 내용에 의하면 현재까지 총 573개 기업이 참여했으며 지원 금액은 약 292억원에 달한다고 하니 그 성장세가 주목된다.

한국메세나협의회는 이 프로그램을 개설하고 2006년 "Arts&Business"의 사무총장 콜린 트위디를 초청하여 〈기업과 문화예술 교류의 뉴 패러다임〉이라는 국제 심포지움을 개최한 바 있다. 영국의 기관과 비슷한 명칭을 도입하여 활용하고 있다는 점을 미루어 보아 국내의 문화예술 정책이 영국의 정책과 메세나 사례들을 적극 반영하고 있다는 점을 인식할 수 있다. 반면 국내에서 이 프로그램 운영 초기 단계에서 연구된 "기업과 예술의 만남"을 활용한 메세나 활성화 방안 연구 (박물관·미술관을 중심으로) (최정은, 2007)에서 지적한 바와 같이 뮤지엄과 시각예술분야 등과의 결연이 상대적으로 부족하다는 점과 영국의 우수 사례들을 근거로 메세나를 통한 뮤지엄의 문화복지 방안에 대한 논의 가능성까지 살펴볼 수 있다.

4. 뮤지엄의 메세나 필요성과 문화복지

1) 뮤지엄을 위한 메세나 필요성

국제박물관협의회(ICOM ; International Council of Museum)는 1989년 박물관을 인류와 그 환경의 물질적 증거물을 연구·교육·향수할 목적으로 수집·보존·연구·소통·전시하며, 사회에 봉사하고 그 발전에 기여하는, 대중에 개방된 영구적 비영리 기관이라고 정의하고 있다.[13] 이러한 정의를 통해 박물관·미술관의 특성은 비영리 기관(Non-profit organization)으로 설명할 수 있으며, 이것은 이윤 내지 영리 추구가 아닌 공공의 이익 실현을 최우선 과제로 삼고 설립, 운영되는 모든 조직을 의미한다.[14] 또한 박물관·미술관은

---

[13] 이보아, 「박물관학 개론」, 김영사, 2002.

공공의 장소라는 인식에서 합법적인 절차에 따라 그 설립을 정부에 보고하고 규제받아야 하는 의무가 있는 것을 미루어 보아 법률에 의거하여 그 개념이 확인될 수 있다.

광의적 맥락에서 문화예술은 본원적 가치 이외에 국가에 대한 자긍심, 국위선양, 교육과 산업의 발전, 국가 간의 가교역할 등의 부가적 가치를 지니며 그 자체로서 고부가가치산업으로 인정되어 주변 산업에까지 상당한 편익을 발생시킨다. 그러나 특성상 고비용병과 시장실패의 가능성을 안고 있어 취약한 재정자립성의 문제가 지적된다. 이러한 문제를 해결하기 위하여 정부의 공공지원을 비롯한 사회의 민간지원이 요구되는 바이다. 이상의 기본 개념에 의거하여 문화예술의 주요 장르인 박물관·미술관에도 민간지원에 대한 필요성이 적용된다.

국내 메세나 현황에 따르면 박물관·미술관을 비롯한 시각예술 장르에 대한 지원은 가장 높은 것으로 나타난다.[15] 그러나 이러한 수치는 실제로 기업 혹은 기업출연 재단의 인프라 확장과 소장품 구입이 대부분으로 분석되었다. 국내 상황에 비추어 보았을 때 국공립 혹은 기업출연 재단 소유의 기관들은 보다 안정적인 재원 확보가 가능하나 사립들은 그에 비하여 열악한 상황이다. 해외의 경우 박물관·미술관의 특성이나 성격에 관계없이 다양하고 자유로운 지원이 되는 반면 국내의 상황은 그렇지 않다. 한국메세나협의회 담당자는 국내 사회적 인식이 박물관·미술관의 공공성을 인정하기 보다는 유물이나 미술품이 사유재산의 성격과 재화의 기능이 강하기 때문에 더욱 접근하기 어려워 보인다고 평가하였다.

기업 혹은 기업재단에서 박물관·미술관을 지원하는 것보다 자사 소유의 박물관·미술

---

14 양지연, 「미술관 관람객을 위한 관람객 연구」, 「예술경영연구」 제1집, 한국예술경영학회, 2001.
15 한국메세나협의회, 「ANNUAL REPORT 2005」, 한국메세나협의회, 2006.

관을 설립하는 것이 정부의 지원도 받으며 명성을 알리기가 좋은 이유도 있다. 또한 기업들의 인식이 타 장르에 비하여 펀드레이징에 대한 개념의 확립이 잘 되어 있는 것으로 이해하여 상대적으로 재정적으로 어려운 타 기초예술 분야에 적극 지원하는 것 같다고 하였다.[16] 이러한 결과의 이면에는 기업의 마케팅의 관점으로 봤을 때 박물관·미술관은 단기적이고 직접적인 효과가 떨어지기 때문에 외면되고 있다는 것을 알 수 있다. 음악과 공연예술은 단기간 내에 보다 직접적인 효과를 거둘 수 있기 때문에 같은 비용으로 많은 이익이 있다고 판단하는 것이다. 결과적으로 박물관·미술관은 시각예술 장르 현황의 가시적인 성과에 가려져 기업의 지원 수혜를 받지 못하는 분야로 판단된다.

박물관·미술관은 그 운영주체가 누구이든 국가의 문화적 자산을 진흥하고 보호하며 대중에게 문화향수의 기회를 제공한다. 기관의 다양한 개성과 성격은 개인의 취향, 신념, 열정, 전문성이 소통될 수 있는 사회의 다원성을 유지하는 중요한 장의 역할을 한다.[17] 특히 지역 박물관·미술관은 도심에 집중되어 있는 문화예술의 불균형을 해소하는 수단으로 국가의 문화예술 정책적인 측면에서도 꼭 필요하다. 마지막으로 박물관·미술관의 건립과 운영은 경제 상황이 직접적으로 영향을 주기 때문에 외부 지원에서 자유로울 수 없는 비영리기관의 특성상 독립적인 경영체계가 위태로울 수밖에 없다. 이러한 여러 가지 요인을 종합하여 보았을 때 박물관·미술관에 메세나를 비롯한 사회적인 지원은 반드시 수반되어야 한다.

2) 문화복지 주체로서의 뮤지엄

박물관의 개념적 정의를 다시 한번 살펴보면, 박물관의 주요 역할은 수집·보존·연구·

---

16 최정은, 한국메세나협의회 "기업과 예술의 만남" 담당자 김상원 과의 인터뷰(2006).
17 심상용, 「그림없는 미술관(대중시대 미술관의 모색과 전망)」, 이룸, 2000.

전시·교육 등으로 요약되며, 대중에게 개방하고 소통함으로써 사회에 봉사하고 그 발전에 기여하는 것으로 설명할 수 있다. 그렇기 때문에 문화복지 주체로서의 뮤지엄의 역할은 매우 중요하다. 공공의 성격을 가진 비영리기관으로서 뮤지엄은 지역 문화예술 기반시설 중 가장 대표적인 시설이며, 공동체의 중심에서 지역사회의 발전을 이끌어가는 중추적인 역할을 요구받는다. 사회적 약자에 대한 정부의 경제적인 지원과는 별개로 문화예술이 정신과 정서적 지원을 뮤지엄 등의 시설들이 가능하게 하며, 이러한 다방면의 지원을 통해서만이 우리 사회의 양극화 문제와 불균형, 병리 현상들을 근본적으로 치유하고 순화시킬 수 있기 때문이다.

한국박물관협회가 운영하는 '공공박물관·미술관 특별전시 프로그램 지원사업'은 문화 소외계층을 위한 지역문화예술 기반시설 활용 사업으로 등록 국립, 공립, 사립, 대학 박물관·미술관을 거점으로 한 특별기획전시 프로그램 (교육, 체험) 지원 및 문화향유 제고를 사업 목적으로 한다.[18] 이는 한국문화예술위원회에서 복권기금을 이용해 운영하는 문화나눔 프로그램의 일환으로 한국박물관협회가 주체가 되어 운영된다. 복권기금법은 2004년 제정되었으며, 복권사업으로 발생하는 재원을 투명하고 효율적으로 사용하기 위해 법정배분사업과 공익사업에 각각 투자하고 있다. 이중 공익사업은 저소득층 주거안정 과 국가유공자의 복지, 소외계층 복지, 재해재난 긴급구호 사업에 활용되며, 마지막으로 문화·예술 진흥은 소외계층 문화나눔에 집중되어 있는 것으로 미루어 대부분 사회적 약자의 복지 차원에서 운영되고 있음을 확인할 수 있다.

소외계층 문화나눔 사업은 국내 뮤지엄의 대표적인 활동과 정부 지원을 받기 위한 실적 향상, 운영을 위한 재원 조성으로 연결되기에 2004년 복권사업이 시행된 이후부터 뮤지엄의 가장 중요한 프로그램으로 자리 잡았다. 뮤지엄의 주요 역할과 패러다임은

---

18 한국박물관협회 www.museum.or.kr

문화복지를 향해 나날이 발전하고 있으며, 이에 따라 메세나 역할 역시 그 흐름에 근거한 발전 양상을 보여주고 있다. 정부뿐 아니라 기업과 민간의 효율적인 재원 조성을 이끌어내기 위한 방법으로 문화복지의 중요성은 대부분의 뮤지엄들이 잘 인식하고 있으며, 수집 및 전시 등의 기본 역할 이외에 교육 등과 같은 부가적 역할로 자리잡으면 향후 뮤지엄의 새로운 패러다임의 근거가 될 것이다.

5. 뮤지엄 메세나와 문화복지 사례분석

1) 영국 뮤지엄 메세나와 문화복지 사례

영국의 문화예술에서 가장 괄목할만한 성장을 보이고 있는 것은 바로 시각예술분야이다. 비주류에 속해있던 영국의 시각예술이 포스트모던을 계기로 주류에 편입되기 시작한 것이다. 이러한 배경에 가장 큰 역할을 한 것은 영국의 문화정책이라고 평가된다. 보수당에서 노동당으로 바뀌는 1990년대에 분산되어 있던 지역 아트카운실들이 통합되면서 보다 체계적인 정책들이 실현되기 시작했다. 현재 아트카운실의 박물관·미술관과 시각예술분야 지원예산은 가장 높은 수치를 기록하고 있다. 국고 이외에도 국립복권기금을 활용하며 민간차원의 기부문화를 촉진시킨다.

영국의 기업들은 박물관·미술관의 공공성과 비영리기관의 개념을 잘 이해하며 국공립, 사립 등의 특성과 개성을 따져서 편중된 지원현황을 보이지 않는다. 기업의 특성 혹은 지역기반에 잘 부합되는지를 합리적으로 따져 결연을 맺는 형태이다. 비록 안정적인 재원의 국공립이라 할지라도 수많은 기업들이 지원을 하고 있으며, 소규모 혹은 지역 박물관·미술관이어도 지역사회에 기여하는데 중점을 두고 지원하고 있다. 오히려 그러한 결연을 통해 상호간의 시너지 효과를 더욱 확대하는데 중점을 둔다.

박물관·미술관의 관장 및 종사자의 인식은 보다 많은 재원을 끌어들이기 위해서는 최대한의 이익제공을 우선한다는 것이다. 지원을 받기 위하여 기본적으로 박물관·미술관의 건물에 스폰서 기업의 명칭과 로고를 공개하는 것은 물론 홍보물, 인터넷 사이트 등을 통해 적극적으로 노출시킨다. 1 : 1 결연을 통해 경영 전략에 있어서도 많은 도움을 얻어 상업적 분야에 적극 투자하고 관람객과의 피드백 시스템에도 노력을 기울인다. 또한 기업에게 제공할 수 있는 이익을 확대하기 위하여 문화예술계 전문가들이 임직원들을 상대로 교육 프로그램과 이벤트를 제공하는 등의 다양한 방법을 제안하고 있다.

이러한 프로그램을 개발하고 실현시키며 최근에는 직접 개인 기부자를 발굴하는 차원에서 상위매니저가 펀드레이저의 역할을 하는 경우가 많다. 테이트 갤러리 등의 대규모 박물관·미술관에서는 펀드레이저가 수십 명에 이르는 상황이 연출된다. 정부의 지원금이 줄어들면서 문화예술기관에 직접 돈을 벌고 운영할 수밖에 없는 상황이 되자 결과적으로 예술경영과 마케팅에 대한 기법과 교육이 늘어나게 되었다. 이러한 관련 교육기관에서 메세나에 대한 이해와 교육활동을 진행하였다는 것은 매우 시사하는바가 크다. 오늘날 영국이 예술경영 학문에 있어 전세계적으로 가장 우월한 위치를 차지하는 결과를 낳았으며 나아가 교육 분야까지 막대한 영향을 끼치게 되었기 때문이다.

영국의 뮤지엄 메세나 사례 중 문화복지를 위해 집중된 사례를 살펴보면, 우선 영국에서도 가장 우수한 협력 파트너로 알려진 유니레버와 테이트 모던 뮤지엄의 사례를 살펴볼 수 있다. 테이트 모던의 후원사인 유니레버는 국제 학교 아트 프로젝트라는 명칭으로 45개국의 150,000명 이상의 어린이들을 모집했고, 2009년 테이트의 교육 프로그램에 의해 "유니레버 시리즈 : 터빈제너레이션"으로 재구성되었다. 뮤지엄은 기업의 사회복지 비전을 직간접적으로 도우며 직원 복지 향상에도 기여하고, 장기적인 파트너십과 신뢰를 통해 우수한 국제 예술가의 전시를 진행할 수 있는 재정적 발판을 마련한다.[19]

동부 잉글랜드 지역의 여객열차 서비스를 제공하는 영국철도회사인 원 레일웨이즈는 지역적인 문제에 봉착하여 재정곤란이 심화되기 시작하자, 버리 세인트 에드먼즈 갤러리와 파트너십을 체결하면서 이를 극복의 기회로 삼기로 결정했다. 파트너십을 통해 원 레일웨이즈는 〈플랫폼 2 Platform 2〉라는 특별전을 진행하였는데, 기차에 작품 포스터를 설치하여 8만 명의 통근자들에게 전시를 홍보하고 회사의 직원들과 예술가들이 만날 수 있는 사내 이벤트들도 마련되었다. 이들은 각각 지역 사회 활성화에 초점을 두고 기차역이라는 특별한 장소는 활용 해 회사의 요건을 가장 최대화하였으며 매스컴의 대대적인 노출과 실제 수익까지 직결되는 방법을 이끌어 냈다. 또한 구성원들의 참여를 통해 교류기회를 제공하고 애사심을 기르게끔 유도하고 시민들에게 문화 향유의 기회를 제공했다.

영국의 금융회사인 코퍼레이티브 그룹 대표는 교도소 교육센터에 설치된 수감자들의 높은 수준의 예술작품들을 본 뒤 노스웨스트 지역의 16개 교도소 수감자들의 작품전을 제안하였다. 맨체스터 코퍼레이티브 본부 사무실과 로우리 갤러리가 협력하여 진행된 전시는 매우 성공적인 결과를 가져왔다. 코퍼레이티브 그룹이 특별히 관심을 갖고 추구하는 범죄자 갱생 사업에 맞추어 기획되었으며, 범죄율의 감소와 범죄자 갱생 프로그램을 통해 자아가치의 인식과 미래에 대한 희망을 주제로 진행되었다. 기업 관계자들은 수감자들이 출소 후 작품 활동을 계속하는 등의 피드백을 기대했으며, 실제로 컴피티션에서 입선했던 최연소 입소자는 맨체스터 대학의 아츠 앤 테크놀로지에서 공부하게 되있다. 코퍼레이티브 그룹의 그룹 서비스 디렉터는 이러한 기회를 통해 한 명 혹은 두 명의 인생만 바꿀 수만 있다면 성공적인 프로젝트가 될 것이라고 평가하였다. 그들은 스폰서십으로 쓰여지는 돈의 가치가 어떠한 투자보다 높다고 판단한 이들은 범죄자의 갱생과 범죄율 감소를 위한 사업을 지속적으로 추진하고 있다.[20]

19 영국 Arts&Business http://artsandbusiness.bitc.org.uk/
20 최정은, 「"기업과 예술의 만남"을 활용한 메세나 활성화 방안 연구 (박물관·미술관을 중심으로)」, 국민대학교 석사학위논문, 2007.

2) 국내 뮤지엄 메세나와 문화복지 사례

국내의 경우 한국메세나협의회에 따르면 기업의 문화예술 분야별 지원 금액에서 시각예술분야가 가장 많은 것으로 집계된다. 그러나 이는 기업출연 문화재단들 중 미술관이나 박물관 운영, 소장품 매입 등의 활동에 많은 금액이 출연되기 때문이다. 국내 박물관·미술관의 특성의 한 가지가 기업이 직접 운영하는 기업미술관들이 상당수 존재한다는 것이다. 기업들이 박물관·미술관을 후원하기보다는 직접 운영을 하면 세금 혜택 등 국가의 보조도 받게 되고 운영에 있어서도 훨씬 자유롭다는 점이 "기업과 예술의 만남" 프로그램에서 1 : 1 결연이 타 예술분야에 비해 상대적으로 저조한 이유로 보인다.

운영 주체에 따라 살펴보면, 국공립의 경우 정부 및 지방자치제로부터 사업에 대한 자금을 지원받으며, 기업 박물관·미술관은 기업 및 재단으로부터 지원받는다. 그에 비하여 사립 박물관·미술관은 공공지원 혹은 민간지원에 의존할 수밖에 없다. 또한 박물관·미술관의 공공성이란 지역주민 전체에 대한 서비스를 제공한다는 점에서 찾을 수 있지만 실제로 이용하는 이들은 일부 사람들로 박물관의 경우 학교 학생들과 중년층, 미술관의 경우 고학력·고소득 계층이 많은 것이 사실이다. 이러한 박물관·미술관의 관람객 편중현상을 토대로 문제점을 인식하면, 사회적 소외계층까지 아우를 수 있는 방법으로 문화복지 프로그램이 대안으로서 활용될 수 있다.

사실 '공공박물관·미술관 특별전시 프로그램 지원사업'에 의한 박물관·미술관의 문화복지 프로그램은 그 사례가 다수 집계되지만, 한국메세나협의회를 통한 1 : 1 기업 결연을 통한 메세나와 문화복지 프로그램 사례는 거의 전무하다고 볼 수 있다. 박물관·미술관들이 한국박물관협회의 직접적인 지원과 복권기금 혜택을 받고 있기 때문이다. 하지만 영국의 사례처럼 기금 지원시 매칭펀드 등을 통한 자발적인 참여를 유도하고, 뮤지엄들이 메세나를 활용하여 기업과의 긴밀한 결연을 맺음에 더욱 적극적인 움직임을 보여야 할 것이다.

기관의 전문성을 발휘한 우수한 프로그램 개발과 이를 효율적으로 실행할 수 있는 기업의 노하우가 함께 발휘되어야 상호간의 장기적인 발전 가능성을 지속할 수 있다.

6. 기업과 뮤지엄이 함께 추구하는 문화복지로 하나되는 사회

오늘날 전 사회적으로 공통적으로 논의되고 있는 화두는 힘께 공존하는 사회와 이를 실행하기 위한 방법론들에 대한 것이다. 신자유주의 체제에서 지속가능한 경영을 위한 기업의 관심과 더불어 미래 산업을 위한 주요 가치로서의 문화예술의 역할, 특히 뮤지엄과 같은 전문 공공기관이 속한 지역사회와 사회적 약자를 위한 배려와 나눔이 우리가 살아가는 생존 경쟁 체제에서 발생하는 사회적 불안정과 문제점을 완화시킬 수 있는 대안으로서 제시된다. 또한 문화의 기본권과 사회 구성원들의 문화적 · 정신적 질적 향상을 위한 문화복지 개념이 점차 확산되고 있는 가운데 이를 주도하는 주체로서의 뮤지엄의 역할과 이를 지원하는 기업의 역할은 공동의 목적을 가지고 변화하고 있다.

문화가 복지의 영역으로 인정되고, 이를 제도적으로 보장하며 문화 민주주의를 표방하는 문화복지의 재원적인 측면은 현재 정부의 공공재원이 주를 이루고 있으나, 본래 문화를 통한 사회공헌을 목적으로 하는 기업의 메세나 활동은 이에 더욱 부합된 목적으로서 문화예술기관들의 중요한 재원 확보 방법으로 더욱 활발하게 진행될 것으로 기대된다. 정부의 역할도 매우 중요하지만, 복권기금에 의존하는 국내 박물관과 미술관들은 기업의 메세나를 유치하기 위한 하나의 방법으로서 우수한 문화복지 프로그램을 개발하고 운영함에 더욱 많은 노력을 기울여야 할 것이다. 실제로 오늘날 기업의 메세나 관심대상이 일반에서 사회적 약자로 변화하고 있는 가운데, 이를 기업의 홍보를 위한 단발성에 그치지 않고 장기적인 진행을 독려하기 위하여 뮤지엄의 역할과 관심이 더욱 요구된다. 기업과 뮤지엄이 함께 문화복지의 비전을 가지고 하나로 통합되는 사회를 위해 함께 노력하는 것이 새로운 메세나의 패러다임으로 자리 잡을 것으로 전망한다.

Ⅲ 참고문헌

- 두산세계대백과.
- 한국박물관협회 www.museum.or.kr
- 영국 Arts&Business http://artsandbusiness.bitc.org.uk/
- 이보아, 「박물관학 개론」, 김영사, 2002.
- 심상용, 「그림없는 미술관(대중시대 미술관의 모색과 전망)」, 이룸, 2000.
- 한국메세나협의회, 「1994년도 연차보고서」, 한국메세나협의회, 1994.
- 한국메세나협의회, 「한국메세나연감」, 한국메세나협의회, 2004.
- 한국메세나협의회, 「왜 기업은 예술을 필요로 하는가」, 한국메세나협의회, 2006.
- 한국메세나협의회, 「ANNUAL REPORT 2005」, 한국메세나협의회, 2006.
- 양현미 · 양지연, 「기업메세나 활성화 방안」, 한국문화정책개발원, 1995.
- 양지연, 「미술관 관람객을 위한 관람객 연구」, 「예술경영연구」 제1집, 한국예술경영학회, 2001.
- 채원호 · 손호중, 「기업메세나의 동기와 공공성」, 「한국사회와 행정연구」 15-3, 한국행정학회, 2004.
- 최정은, ""기업과 예술의 만남"을 활용한 메세나 활성화 방안 연구(박물관 · 미술관을 중심으로)」, 국민대학교 석사학위논문, 2007.

박물관의 문화복지서비스

발행일 / 2014년 2월 20일 초판 발행

저 자 / 윤병화 · 김연희 · 이형수 · 한종훈 · 홍재주
이예경 · 최정은 · 양애란 · 이지희 · 유수정
김수지 · 김연수 · 맹홍균 · 오경석 · 유익ㅅ
성승현 · 조정아

발행인 / 정용수

발행처 / YEAMOONSA 예문사

주 소 / 경기도 파주시 직지길 460(문발동) 도서출판 예문ㅅ

T E L / 031)955-0550

F A X / 031)955-0660

등록번호 / 11-76호

정가 : 13,000원

ISBN 978-89-274-0773-7 13060

이 도서의 국립중앙도서관 출판시도서목록(CIP)은 서지정보유통지원시스템 홈페이지
(http://seoji.nl.go.kr)와 국가자료공동목록시스템(http://www.nl.go.kr/kolisnet)에서
이용하실 수 있습니다. (CIP제어번호 : CIP2014000878)